# 和孩子做队友

贺岭峰　著

陕西新华出版

太白文艺出版社·西安

今年是我从事心理学研究的第35个年头，学术上做到教授、博导；行政上做到系主任、学科带头人；服务上做到世博安保、亚丁湾护航；行业上做到理事长、联合创始人。我救过跳楼的孩子，也帮过崩溃的家庭；培养过国家级心理咨询师，也训练过国家队运动员，无论是庙堂之上，还是江湖之远，凡是心理学的疆域，总算都有幸参与见证过，也算是一名心理战线上的老兵了。

有人说，孩子遇到你这样的父亲，应该是幸运的，因为你更懂孩子呀。

不幸的是，我初做父亲时，内心也是一片茫然。自己学到的心理学知识，只能用来帮别人，偏偏帮不了自己。就像吸烟者知道吸烟有害健康，但是依然戒不了烟。

所以，作为父亲，我犯过所有父亲都会犯的错，一样都不少。其他家长踩过的坑，我也都踩过。好在，我的专业让我具备了一定的后知后觉的能力。为此，我曾经多次向女儿道歉。在这里，我把自己做错的地方和做得比较好的地方与大家分享，也许会让你觉得有所启发。

一是自己稳定下来再生孩子。孩子的童年需要一个稳定的环境，这是他一生安全感的基础。首先是情绪稳定、关系稳定。男人的大脑前额叶 26 岁才发育成熟，夫妻关系婚后 2—4 年是危险期，所以早婚早育是有风险的。二是工作稳定、收入稳定。大人不稳定，孩子也无法稳定下来。所以家长要自己把自己安顿好了，心定了，再生孩子。三是主要抚养人稳定。最好是父母亲自带孩子，其次是祖辈抚养，再次是阿姨带大，从次是异地养育，也就是留守儿童。最糟糕的情况是留守儿童再加上一个情绪不稳定、敷衍、不断改变的抚养者，那就是雪上加霜了。我犯的第一个错误就是在女儿 10 个月大时换工作，从长春跑到珠海，在女儿 14 个月大时才与我们团聚，而这 4 个月的分离成为她底层情绪的黑洞。根据依恋理论，孩子 3 岁前，尤其是 1.5 岁前，与抚养人的关系塑造了他的情绪风格。

二是为孩子选择适合的学校。每个孩子生下来都是不一样的，生过二宝、三宝的父母感受最深。你是无论如何都无法把二宝、三宝养成大宝的样子的，因为他们的脾气、秉性就是不一样的。如果不能择校，就随缘；如果能择校，就选一个孩子能够在那里活得挺好的学校，千万不要选一个大家都认为好的所谓名校。有些孩子适合进名校，有些孩子不适合进名校，这个去问一问前辈和从里面毕业的人最清楚。家长不要为自己择校，要为孩子择校。你脸上有光没用，要孩子脸上有光才行。绝大多数孩子是与名校不合的，去了相互克，大概率是克孩子。我犯的第二个错误就是为女儿选择了全区最好的小学，女儿在一个高成就追求、低情绪控制的班主任那里受尽了折磨和羞辱。幸运的是，那个老师在我女儿四年级时怀孕休假了，换了班主任后大有改观。初中时，我放弃了排名靠前的学校，选择了一个学校新、环境好、学习压力小的学校。果然，这次女儿进步最快，成长最好，师生关系最融洽。

三是要有所为有所不为。人生路不是越走越宽，而是越走越窄的。而这个窄，最终要窄到孩子的长板而不是短板上。我女儿小的时候，报过珠心算班、舞蹈班、英语班、乐器班，等等，但最后都无疾而终。凡是家长用心用意想让孩子去努力发展的方向，大概率结果是差强人意的。最后，女儿去日本读了动漫专业，一靠绘画能力，二靠日语水平，而这两点，都是我们未曾着力培养的地方。没让她上过绘画班，也没让她上过日语班，只是在她到处乱画的时候没有撕她的画本；在她追日本动漫时没有断她的 Wi-Fi。我们刻意去培养的地方未见起色，我们没有管的地方，反倒成长得郁郁葱葱。我犯的第三个错误就是我是个博士，是个靠好好学习，努力工作成长起来的人。成功是成功者的诅咒。所以，我和我身边的硕士、博士们都会天然地认为，读书是本分，学习好是必须的，读好书才能找到好工作，找到好工作才能过幸福生活。而这种陈旧的逻辑会害很多人。世界原本不是这样的，但是在潜移默化中会影响孩子的价值观，从而平添很多不必要的标准和压力。要记住，爸爸妈妈的成功可能会成为孩子的压力和诅咒。所以，养孩子更像养野草，而不像种庄稼。你天天除草、浇水、施肥，庄稼也不一定长得好。反倒是你给孩子开辟一块自留地，让她肆意生长，没准儿就功成名就了。想想我们自己的成长过程或者身边成功者的经历，有多少都是不听大人话才有了今天的成就的？养孩子，要学会知止，要学会留白。

四是要学会和孩子分离。孩子越小越需要陪伴，越大越需要分离。孩子3岁前最好能够全身心陪伴，一岁半前更应该予取予求。孩子3—6岁时应该多让他参与多人游戏，而非进行学科学习。孩子上小学后，主要是培养良好的学习习惯和保持对学习旺盛的好奇心，至于学习成绩反倒不是很重要，争取做到小学高年级家长能够完全放手。孩子上初中后，应该支持孩子的社交活动，打造社会支持系统，同时保持良好的亲子关系和情绪状态，为孩子的职业定向提供支持。这个时候，要车主换位，主动让权，发挥孩子的自主性。孩子上高中之后，要做孩子的学习助理、恋爱参谋、人生顾问，为孩子迈向自己独立的人生做准备。等孩子上了大学之后，就应该做欣赏者、鼓掌者、赞助者，只支持，不反对，能帮忙就帮忙，帮不上就放手。我犯的第四个错误就是孩子小时候陪得不够，现在回想起来在女儿小学阶段可回忆的情景太少了，全是陪写作业。等孩子大了想多陪陪，总想去帮忙，反倒容易帮倒忙。最近给女儿买吃的太多了，女儿会说，你能不能在冰箱里给我买的东西留点地方？给女儿介绍一些绘画业务，她会说，你介绍的业务和我做的不完全契合，我做也不是，不做也不是，以后能不能让我自己接业务？给女儿转账，她会说，我最近赚的钱还够花，我要做事的钱自己也快攒够了，这个事不想花你的钱。给女儿添置家具，她会说，我的东西我自己买，我想过断舍离的生活，不需要那么多东西。你看，热脸贴上冷屁股。所以，我现在只能全身心地去成长自己，然后去跟她分享，听她的一些建议。她的人生，我可能连参谋和顾问的角色都扮演不了了，不过没关系，我在请她帮我做参谋顾问了。

我最近在讲课时提到了今天父母养育孩子的14宗罪：1.保姆带；2.屏幕哄；3.婴儿车；4.早教班；5.盯作业；6.择名校；7.不社交；8.不运动；9.不睡觉；10.不开心；11.讲道理；12.甩锅侠；13.焦虑源；14.选专业。其中有些内容在本书中详细讨论过，有些问题大家将来也会在我的短视频或者线上课中听到。做家长的都觉得我们在孩子成长过程中投入了特别多的时间、金钱、精力和爱，但是事实上可能是在错误的道路上一路狂飙。

我自己踩过的坑，就不希望别人再踩。尤其是见证了太多的悲剧之后，就想着能救几个孩子就救几个孩子，能帮几个家庭就帮几个家庭。我在书中所讲的，都是我所信所行的，是一个学过心理学又踩过育儿坑的父亲的肺腑之言。如果真的有人读到了，听懂了，心有所感，遇到亲子养育问题时能够停一停、想一想，话到嘴边留半句，人在身旁问一声，那么有些悲剧就不会重演。当然，也可能有更多的家长不以为然，那么只能等到遇到问题时再回过头来看这本书，亡羊补牢，犹未为晚。

总之，永远不要做孩子的对手，要和孩子做队友。

贺岭峰

2023 年 3 月 15 日于九号站心温暖平台

# 目录

# 如何培养孩子的
# 内在学习动机

学习的动力来自哪里? 你观察幼儿园的小朋友, 就能看得很清楚。小朋友是天生的学习者。刚刚上幼儿园的时候, 就是"十万个为什么", 你不让他学都不行。他让你给他讲绘本故事, 你讲20遍了, 他还让你重讲。"妈妈, 睡觉之前再给我讲一下小猪佩奇的故事。"你哪一句话说错了, 他马上纠正:"那句话不对, 不是这么说的。"他能把这个故事背下来, 但他还需要你不停地给他讲。

孩子学习最初的动机都是内在动机。因为一个人要活下来、要成长, 需要保持对这个世界的好奇心, 学会基本的技能。任何一个生命, 不仅仅是人类, 一头猪、一只狗在小的时候也要不停地学习, 才能活下来。小孩子经常问: 这个字是什么? 天为什么是蓝的? 鸟为什么会飞? 小孩子天生都是特别爱学习的人。那后来为什么不爱学习了? 因为成人希望他们学得更好, 所以增加了很多外在的强化, 把内在动力搞没了。

孩子一上小学, 家长就觉得学习是孩子最重要的事情, 玩耍变得不重要了。家长规定他如何学习, 要评估他的学习, 学习好了就在他的脑门上贴小红花, 表扬他; 学习不好就批评他, 罚他重写多少遍。这叫作外在强化。孩子都有内在的学习动机, 这个内在动机本身很强大, 可当成人加了很多外在动机给他后, 就会出现新的问题。越来越多的心理学研究都在证明同一个规律：外在强化的增加会逐渐把内在动机转化成外在动机，而当外在强化因遵循边际效应而逐渐失去效能时，外在动机下降了，内在动机也下降了。这是一个在教育心理学和学习心理学领域非常强大的心理学理论，是所有教育工作者的必修课，可惜，违背规律开展教育的现象依然比比皆是。

# 1

## 学习本应该是孩子与生俱来的内在动机

在学习上，我们发现外在动机逐渐增强的过程，就是内在动机不断消退的过程。随着年龄的增长，孩子的学习动力逐渐转移到外在——如何在小伙伴当中表现得更优秀、如何得到老师和爸妈的表扬、怎么避免被惩罚、怎么避免被嘲笑、怎么避免挨打挨骂。这些外在的强化如此强大，以至于孩子越来越为不断增强的外在动机而学习，结果，他与生俱来的学习内在动机就越来越少了。

如果外在动机能一直保持强大的驱动力，那也是可以的。但是事实上它往往是做不到的。因为外在的强化力量，遵循边际效应递减规律，一定会越来越弱的。孩子上幼儿园时，你在他脑门上贴个小红花，他就兴奋得不得了。如果被贴了两个小红花，那他一天都很开心，都会听话、认真学习。可是等他上小学以后，你说等他作业做好了，再给他脑门上贴小红花，还管用吗？外在的奖赏效用是在不断下降的。不管你用多么厉害的招，最后这个效用都会下降，对他没有吸引力了。外在的强化不断消退，内在的动机又被拿走了，孩子就越来越没有学习的愿望了。以至于超过 30% 考进北大的新生——这些都是 12 年基础教育的成功者，走过独木桥的胜利者——也觉得没有学习的愿望和动力。我有一

和孩子做队友

个同事是北大毕业的，她说，她一生的努力都在考上北大那一刻耗尽了。他们完全是为了爸爸妈妈和老师去学习，而不是为自己。12 年来，他们只是为了爸爸妈妈和老师假装在学习，只不过他们装得很好，假装学习也学到北大去了。但是，接下来的人生路怎么走？进了北大没有用，因为他们对学习已经彻底丧失了兴趣，觉得这个东西没有意思。所以，保护孩子内在的学习动机非常重要。

有这样一个非常经典的故事，讲述了外在强化与内在动机的关系。这个故事的主人公是一个老人。老人退休以后，独居在家里，喜欢清静的生活。他家楼下有一片空地，孩子们每天放学后，总到这里拿废旧的易拉罐、破瓶子和破脸盆扔来掷去，很吵闹。老人听到这些声响觉得很烦，就下去理论，让他们不要在这里玩耍。孩子们觉得，这又不是你家的地方，凭什么不让我们玩？就玩，你又能怎么样？老人说，你们不是喜欢玩吗？那好，我们来点刺激的。你们谁如果能用瓶子打中 30 米外的那个盆，我就奖励他 10 元。孩子原来只是在随意乱玩，现在有奖励了，那当然玩得更起劲了，都跃跃欲试，谁打中了都可以从老人这里拿 10 元。一会儿钱发完了，老人说，今天游戏就到此为止，明天我们不见不散。孩子们都很高兴，第二天又来了。老人说，你们太厉害了，打中率太高了。我没有那么多钱，今天打中一次只能发 5 元。孩子们觉得 5 元也可以，所以还接着打。第三天，老人一次只给 3 元，大家还是很踊跃。第四天，老人一次只给 2元。第五天，只给 1 元。第六天，5 角。孩子们虽然还在玩，但是显然没有当初热情那么高了。就这样，钱数逐渐递减下去。终于有一天，老人跟孩子们说，我没钱了，以后再也不会为此发钱了，你们爱玩不玩吧。孩子们觉得这太无趣了，你不给奖励谁愿意陪你玩这个？孩子们从此再也不来这里玩儿了。老人也过上了清静的生活。

其实，这个老人只做了一件事，就是把孩子玩的内在动力成功地转移到了外部，然后逐渐取消掉。孩子一开始玩只是因为开心，后来老人给他们发奖金，他们就变成了为了这些外在奖赏而玩，等外在奖赏削弱或者没有了，孩子们玩的理由就没有了，因此就不玩了。有多少父母和老师，都在做这样的事儿。孩子在这儿学习特别开心，你说不行，我要给你外在奖赏。慢慢地，外在奖赏的吸引力下降了，孩子不在乎这个东西了，到那时，孩子的学习动力也就没有了。

# 2

## 不要让"外在动机"伤害了你的孩子

　　我的孩子已经成人，我可以把自己从家长的身份中剥离出来了，可以更自由、客观地来看待家庭教育这件事。我特别想为 00 后发声，真的想帮帮他们，否则这批孩子当中的一些人会走很多弯路。不是家长和老师不好，而是时代变了、孩子变了，家长和老师却还没变，因此就由助推的力量变成了阻碍甚至伤害的力量。我看到的最有希望的一代人是 00 后，他们出生就不贫穷，成长中就有智能机，青春期就看见中国 GDP 稳居世界第二，信心和视野绝对不一样。但是他们的时间、睡眠、健康、心情、社交全部被控制和破坏了。家长和老师不要把他们逼到特别低效、无趣的生活当中去，剥夺他们人生的乐趣、意义感和可能性。

　　虽然我是学心理学的，但在教育孩子的路上，也踩了很多坑，留下了很多遗憾。我跟所有第一次做父母的人一样，很蒙，没有经验，也被这个社会裹挟着做了很多事儿，回想起来发现是不对的。如果能重新来过，我一定会用我的专业把父亲这个角色做得更好些。现在我已经错过了，就希望把我的遗憾和教训分享给更多的家长和孩子。

　　我原来的工作是在教育局，当地教育系统的人都知道我，并且都想让我的孩子去他们学校。不是我利用工作特权去选学校，而是我的孩子去了哪所学校，都可以成为他们学校的宣传点。所以我孩子 2 岁时，幼儿园、中小学就来跟我预订了，有的私立学校说你孩子要来我校，我们不收任何学费。如果在我当时工作的那座城市上学，女儿一定可以上最好的学校，老师、校长也一定会对她格外关照。

可惜没有等到我女儿在那座城市上幼儿园，我们家就搬来上海了。我不在教育行政部门工作了，也不像原来一样在当地有影响力了。我们单位自己的幼儿园其实还不错，很多人想办法把孩子送进来。等我把女儿送幼儿园之后，才发现这所幼儿园不是我喜欢的。因为幼儿园要教珠心算、数学、外语等，是个数学特色幼儿园。我不希望那么小的孩子就学这些，于是女儿在单位幼儿园待了三个月，我就把她转到了一所私立幼儿园。因为那个园长说，你放心，你让孩子来了之后，我们保证不让她学任何东西。我觉得这个很好，只要孩子玩好、开心就行了。千万别为家长的脸面选最好、最有名的学校，而要为了孩子的发展去选最适合他成长的学校。

但是，到现在我依然认为，当年让孩子去一所不学习学科知识的幼儿园是对的，给了孩子一个可以充分玩耍的童年。上幼儿园期间，我女儿看别的小朋友上各种特长班，看人家弹钢琴很羡慕，说她也要学钢琴，还说了好多次。我说，不行。她妈妈说，如果女儿喜欢，就买台钢琴让她学呗。我说不让她学。如果是为了培养孩子的音乐素养，我觉得没问题。但是很多家长的心理很古怪，因为钢琴很贵，请老师很贵，一旦孩子开始学钢琴，家长的心态就变了——把它当成一项很重要的必须完成的事业了，而不是作为孩子的一个爱好。既然投入这么大，就希望孩子有所成就。怎么衡量呢？就是考级。人家都考了十级，你为什么只考了三级？这事就比较麻烦了。实际上你明明知道钢琴不可能成为孩子的专业，你也没有想过让他成为像郎朗这样的人，却逼着他不停地考级。

我一个学生的女朋友，原来是某省青少年钢琴比赛第一名，她妈妈和阿姨全都是钢琴老师，她后来也进了中央音乐学院。有一次我到北京，他们请我到家里做客。有件事让我觉得特别奇怪，他们家里竟然没有钢琴。他女朋友说，她虽然在音乐学院读书，但不是学器乐的，而是学声乐的。在她很小的时候就有一个愿望，要把那台钢琴砸了。现在自己有家了，绝对不会碰钢琴。因为她一看到钢琴，就被唤起很多特别痛苦的回忆。她小时候坐在钢琴前，妈妈或者阿姨拿一根筷子，她只要弹错一个音就会被打一下。学琴的经历就是她的心理创伤。

我没有能力把我女儿培养成全省第一名，即使有这样的能力，如果最后是这样的结果，我觉得也没有什么意思。所以坚决不同意她学钢琴。我说你要是喜欢乐器，这样吧，我给你买一个鼓，都是乐器，闲着没事敲一下，你喜欢敲就多敲两下，不喜欢敲就不敲了。这个绝对是业余爱好，我也不太把它当成一件事。当然我女儿不喜欢鼓，最后退而求其次，学了古筝。我们跟古筝老师说，我女儿来学古筝，但是不考级，只是当一个业余爱好，让她会弹几首曲子就行了。老师说不考级她不知道怎么教。后来我女儿学了一段时间，大概考了七级吧，上初中就停下来了。现在还好，闲着没事就把古筝搬出来弹两曲。她会把她喜欢的歌曲改编成古筝谱子弹一弹，我觉得那就挺好的，只是当成娱乐。没让女儿学钢琴，我觉得是很对的，因为在做心理咨询的过程中，看到过太多因为学钢琴而陷入痛苦的孩子。

当然还有一个很重要的原因是，我们家祖上八辈，就没有出现过音乐上有天赋的人，我也没有这方面的社会资源，所以我不认为我能把我女儿培养成音乐方面很出色的人，最多是一个爱好。玩玩就好，不要太当回事儿。

　　　　　　　　　　　　　　　和孩子做队友

# 3

## 家长的执念会阻碍孩子的成长

　　我女儿从小就对画画感兴趣。很小就拿笔到处画，我们家墙壁只要跟她身高差不多的地方，全都被她画满了。不只是墙上，还有床上、桌子上、门上、被单上，你都不知道她是什么时候画的，也不知道那到底画的是什么，都是稀奇古怪的符号。我想既然她这么喜欢画，就给她报一个美术班吧。于是在杨浦区少年宫报了一个儿童画班，每天带着她过去。孩子在里面学画画，我就趴在门上看她在学什么。老师教蜡笔画，过来在她的绘画本上画一个方形或者圆形，让选一个最喜欢的颜色涂满，涂均匀，不要涂到框子外面。我女儿三下五除二就涂完了，跑到前面交给老师说："老师，我涂完了。"老师说："你这涂的是什么东西呀？我不是让你涂均匀吗？你看你这个一点都不均匀。我告诉你不要出这个框，你这很多颜色都出框了。你回去重新画。"我女儿觉得自己画得很快，为什么老师不表扬还批评她，坐在那儿非常不高兴。想了一会儿，她自己拿一根红色的蜡笔出来，在画旁边打上一个100分。老师过来一看："谁让你自己评分的？画这样还100分？你不许这样。"老师把我女儿一通训。我看了以后对我女儿说，以后我们不要到这儿来学画了，回家自己想怎么画就怎么画。我觉得这种学画画的方式是一种摧残。女儿将来又不做油漆工，干吗要把这个圈涂均匀？涂均匀跟画画有什么关系？所以女儿后来再没接受过任何美术培训，自己喜欢就画。

人生路很长，我从来不认为自己在教育女儿的过程中做得很成功，反而有特别多的遗憾，也跟我女儿道歉过很多次。女儿很大度，说不要太当回事，都过去了。但我自己还是很遗憾，虽然是学心理学的，但那些禁忌我基本上都犯过，教育孩子的坑也都踩过。不过能够聊以自慰的是，我首先能觉察到自己的问题，哪怕晚一点，还是能觉察到，能反省，没有变本加厉地持续伤害孩子。我在教育孩子的过程中，最成功的地方不是我做过什么，而是我没做什么。我从来没有支持过我女儿学画画，到现在都还不太支持。我唯一做得好的地方就是没有撕她的画，没有阻拦她，没有认为她画画是不务正业，没有向老师告状。孩子上自习时画画被老师发现，被没收画本、批评教育、找家长。我到学校向老师道歉，把画本要回来，但是没有大发雷霆把画本撕掉。我把画本还给她，只是告诉她不要太嚣张，在学校里要偷偷地画，不要在课上明目张胆地画，这是对老师的挑衅，不要这么做。

在女儿上高三之前，我从来没有觉得绘画会成为她生活中很重要的事情。高二的时候我曾经跟女儿讨论过艺考。因为艺术专业文化课分数线相对低，很多完全不喜欢美术的人，为了考上大学，就学点素描和色彩。我跟女儿说，要不给你报一个艺考培训班？女儿说不要。因为她画动漫，对油画、水彩、素描完全没有兴趣。

我从来没有逼她上过培训班，没有支持过她画画，但我做得最好的地方就是也没有阻止她画画。女儿去日本考大学的时候，7所院校发来录取通知书，其中也有心理、旅游管理和金融专业。我说，不行就学心理学吧，老爸这边心理学领域有人脉资源。女儿反问我，你觉得读心理学我有必要去日本吗？一句话就问得我没话说了。我想也是，读心理学就没必要去日本了。日本的动漫代表着世界最高水准。女儿最后决定读动漫专业的时候，我也同意了。对她说那就去见识一下吧，等大学读完，动漫这件事就到此为止，再找一个别的专业，把画画当成业余爱好就行。

现在看起来，画画也可能与她终生相伴。她在这个过程中，找到了乐趣和成就感。值得欣慰的是，我从没有用外在的动机去污染她内在的力量。她从小到大都没有参加过画画比赛和评奖，所有的画都是因为自己开心和喜欢而画，上大学前也没有接受过任何正规的训练。所以她不管是在动漫公司实习还是到日本动漫大学读书，都跟别的同学不一样。别的学生学过素描和色彩，都是有基本功的；她什么都没有，唯一有的就是喜欢。只有喜欢的好处是，没有临摹过，没有按套路画过东西，这反而给她预留了更大的潜力空间。日本学生的动漫基础是非常好的，在他们年级的动漫大赛中，她照样拿到第二名，因为没有那么多的局限。她在两家公司实习过：在第一家公司，她实习一个月后自己就能独立承担项目，作为主创设计一套卡牌，主要人物、场景和基本规则全是她定的，其他成员帮她上色和勾线。那个时候她还只是一个小高中生，动漫公司的创作人员都是美院毕业的，并且在这个行业干了很久。她刚到那家公司时发现，绝大多数画师是把别人画好的元素拿过来改一下，或者取一部分重新拼接。她当时特别不理解这件事，动漫公司怎么这样？你不是原画师吗？这个应该是你原创的呀，你怎么把别人的东西拿过来改一下、拼一下就当成自己的东西了呢？当时她还不会用 Photoshop 这个软件，但动漫公司因为她的原创能力非常强，很快就让她做主创了。

第二家实习公司是一家上市公司，做动漫连续剧的。她去了一个月以后，第二女主角就由她来设计了。第二女主角的角色形象三视图，包括所有服饰、造型、使用的器具全部是由她原创的。我女儿去日本读动漫大学之前问我，老爸你现在一个月工资是多少呀？我说就是一个普通大学老师的收入呀。她说，你知道吗？我从日本读完书回来，起薪就比你高很多。她心里特别有底，因为她都见识过了。

在这里，我也特别建议孩子在读大学前实习。现在的孩子都是到了大三、大四才开始实习。很多孩子大学读得一脸蒙，你问他为什么读这个专业，这个专业将来需要什么技能，什么东西重要，什么东西不重要，他都说不清楚。因为有这段实习经历，女儿就知道她的专业能力在公司里大概对应的职级和薪资，以及未来的发展空间。所以我特别鼓励家长动用资源，争取让孩子在读大学之前，去做一些相关专业的实习，这对他大学选择专业特别有帮助，他对那个行业也会有更深的洞察和了解。

有很多父母认为，金融行业很好，要让孩子学金融，或者学管理、计算机。结果学完以后，很多孩子这辈子都不会从事这一行业，即使干这行，也干得很痛苦。家长不要硬逼着孩子做什么，并不是哪一行前景好就让他做哪一行，而是要让他先去看看，多见识一个行当，就多一次机会找到自己发展的方向。路要自己走，每一个孩子都不一样。我们不一定帮得上孩子，但最好别害孩子，别因为我们的某种执念害了孩子。

# 4

## 兴趣是孩子最好的老师

学习动力来自孩子的情绪脑。情绪脑在大脑的边缘系统，是学习的发动机，是星火燎原之地。这团火要是点起来，孩子就会势不可当地走向学习巅峰。

70后、80后家长都有一个学习的外在动力，叫作"知识改变命运"。事实上，当时确实有很多人通过读书考学，从农村来到城市，从社会底层上升到中产阶级，真的改变了命运。但是你现在跟00后、10后的孩子说，好好学习，读书能改变命运，孩子就会说，我命运挺好，为什么要改变？当年，学习好就一好百好；现在，我国高等教育已经普及了，大学文凭已经无法改变命运了。那么，为什么还要好好读书呢？读书是为了让孩子对天地、对众生、对自己有更多的看见；为了与古今中外优秀的灵魂相遇；为了增加自己的见识、视野、对生命的感知力；为了活得更加自由而有尊严，活出生命的光彩。学习的动力应该来自孩子的生命本体，而不是来自外在的赞赏和惩罚。外在奖惩会导致孩子内在学习动力减弱。家长想通过奖惩来激发孩子的学习动力，但结果常常是事与愿违。现在不只是学习差的孩子没学习动力，连学习好的孩子也缺少学习动力。

那么，学生内在的学习动力来自哪里呢？主要来自孩子大脑自我奖赏回路的激活。也就是说，如果孩子的情绪脑学会了对学习的过程和结果进行自我奖赏，通过唤醒情绪脑，增加大脑中的多巴胺、内啡肽、血清素的分泌，在学习的过程中充分享受到了全情投入的快乐，这样的孩子就真的成为无敌的、不可战胜的学神了。

当我们开始用外在奖惩来操控孩子的学习，让他们为外在目标而努力的时候，他们一开始是喜欢的。但是当奖赏的力度遵循边际效应递减规律逐渐减少，伴随学习而来的批评和斥责不断增加时，学习就渐渐失去了原有的魅力。只有父母把外控的权力和资源逐渐还给孩子，让孩子学会自控，学习的闭环才会形成，学习的小宇宙才会爆发。

如果孩子是为了父母、老师而学，那么他们就是学习的打工者，能偷懒就偷懒，能旷工就旷工。如果孩子是为了战胜同学、得到表扬而学，他们就是学习的投机者，赢了就接着干，输了就落荒而逃。如果孩子是为了满足好奇、发现秘密而学，他们就是学习的探索者，自设目标，自定步骤，自我奖惩。

所以怎么让孩子对学习感兴趣呢？我建议：

第一，一定要丰富。课堂教学和课后作业是孩子获取知识、提升能力的一个渠道，但不是唯一渠道，甚至可能不是培养这个学科兴趣爱好的最佳方式。过去要想学一门学科，只能通过书本，现在不是了，现在我们获得任何一门学科知识的渠道都极其丰富。

比如，想提升语文，很简单，就是加大阅读量。看杂书、看闲书，看什么书都行。开卷有益，只要爱看书，保证能提高语文成绩，不管是阅读理解、文学常识、鉴赏还是写作。再比如，想改善数学成绩，随便做一个跟数学有关的建模项目，比天天写作业效果强多了。因为他要做这件事，就要自己去主动获取资源，自己解决问题。心理学中比较难的一门课程是统计学。大学心理统计怎么学？背公式、学原理、做题，然后考完试都忘了。应该怎么学？我以前学心理统计的时候，就去研究血型跟性格的关系。通过设计实验、编问卷、做相关调查，得到数据，之后再进行各种统计分析，课题做完之后对统计就很熟了。这就是在做中学，在学的时候就能看到它的价值和意义，看到它的作用。

第二，要有意思。尤其对 95 后和 00 后而言，没意思的东西都没价值。不管你是商品、公司，还是工作。当年马云成立了一家叫蜂鸟的芯片公司。阿里巴巴旗下的品牌名称基本上都是以小动物命名的，包括天猫、蚂蚁、河马等。结果马云去了一趟非洲，回来改主意了，不能叫蜂鸟，应叫"平头哥"。平头哥其实是生长在非洲的一种动物，叫蜜獾，性格非常霸道，可以和狮子打架，跟河马单挑，甚至连眼镜蛇都敢挑战，被眼镜蛇咬后睡两小时原地满血复活。平头哥的口号就是"生死看淡，不服就干"。为什么把芯片公司叫平头哥？因为它自带流量、自带故事、自带 IP，有意思啊！以后不管干什么事情，有意思都是基础。你看看国际大牌的汽车广告，基本上都不再讲汽车的性能，他们开始讲孩子、讲亲情、讲梦想。做任何事情都得有点意思，知识要有意思，老师要有意思，做的产品也要有意思……没有意思的东西，会渐渐变得没有价值。

现在，家长和老师把学习这件事搞得特别没有意思，这是这个时代的一大败笔。教育和学习本质上是多么有意思的事啊。所以做家长的，得想办法让孩子的学习变得有意思起来。

# 5

## 帮孩子找到学习上的自我奖赏模式

家长要善于发现孩子学习上的嗨点，帮孩子找到学习上的自我奖赏模式。

比如，让孩子看到自己的进步，看到学习让自己发生的改变，看到哪些知识由未知变成了已知，哪些技能由不会变成了熟练。

又如，让孩子学会自我奖惩。今天作业完成得好，就多玩一会儿、多吃个冰激凌；今天作业完成得不好，就不玩游戏，多做10个俯卧撑。

再如，把今天的学习与未来的某个场景连接起来，清华园里的自习室、太空舱里的飘浮瓶。知道自己今天学习都是为了接近那个场景中更优秀的自己。

这世界上，只有成功的模式才会被不断复制，失败的模式只会让孩子选择逃跑和躲避。

至少有一次，孩子学习上的成功被看见、被复盘、被推广。

至少有一次，孩子的学习由自己决定、自己控制、自己奖惩，而且成功了。

至少有一次，孩子在跌倒中爬起，紧追不舍，实现了逆袭。

至少有一次，我们站在孩子的背后，听他哭、看他笑、任他发火、凭他喧闹，然后为他鼓掌，给他助威。

家长千万要忍住，他倒了不去扶，他哭了不去劝，他错了不去指责，他对了不去说"我早就跟你说过"，只站在那里，看着他，眼神里充满信任。

要让学习与情绪脑中的自我奖赏系统建立连接，而不要与外在惩罚系统建立连接。家长要保护好孩子的嗨点，一定要让孩子跑出一个自设目标、自定步骤、自我奖惩的学习闭环来。只要成功了，这套模式就会运转起来，并且会被复制到其他场景、其他学科当中去。那时家长还用担心孩子的学习吗？

# 1

遂了孩子的心愿，兴趣都没法培养了，怎么办？

问：幼儿参加兴趣班，比如跳舞，平时要天天练功，但一练功就很辛苦，很累。孩子不愿意坚持，也不愿意努力，总是和我们讨价还价：能不能少练一点？能不能让我出去玩？家长应该怎么做？怎么挖掘孩子的兴趣点？

答：这种情况在幼儿阶段经常会出现。孩子都是三分钟热度，看其他小朋友做什么，就觉得有兴趣，自己也要学，并信誓旦旦一定好好学，等你真给他报了班，买了学习的工具，他学了一段时间发现，看人家玩得挺好，自己真学起来也蛮累的，就觉得不好玩，不想坚持了。甚至有些时候仅仅是因为教兴趣班和特长班的老师态度不好或者让他不爽，或者在学习的过程中跟其他同学互动得不好，小朋友就不愿意再去上课了。这种情况特别普遍。

幼儿期确实是培养兴趣的关键时期，所以带着孩子多去尝试还是很重要的。但是在尝试的过程中，家长也不是说给他报一个班，然后监督他做下去就完了。兴趣班的前提是有兴趣，没有兴趣上什么兴趣班呢？直接去学奥数、语文、外语不就完了吗？真的想上兴趣班，就要善于发现孩子的兴趣到底在哪里。

上特长班，得有特长。什么叫有特长？就是孩子在这方面确实有一定的天赋。同样学一样东西，他比别人快很多、强很多，这才是特长。

发现兴趣和特长需要一个过程，需要家长和孩子一起去发现。如果不去尝试，谁知道孩子的兴趣、特长到底在哪里？家长不清楚，孩子也不清楚。孩子上了特长班、兴趣班以后，他不想再去上了，那就说明这不是他的特长和兴趣啊。他没有在这个班里边找到自己的优势，也没有找到学习的乐趣。

家长觉得换来换去，前面的努力都白费了，钱都白花了，时间都浪费了，心理上受不了。这是一个心态问题。你仔细想想，不觉得这是一个发现吗？你要是不花钱、不花时间，哪知道这不是他的兴趣，不是他的特长？总得试过才知道吧。

真的兴趣和特长练起来也很苦，但是孩子一定愿意去做。比如说打游戏吧。你以为打游戏容易吗？一关过不去，经常死在那里，在那一关不停地重复打，对吧？一打就打几个小时，也没什么现实的价值和意义。但是一旦孩子对这方面有兴趣了，看到努力能够收到结果，发现自己在这方面还真的蛮厉害，那就变成了他的兴趣和特长了。

至于孩子不愿意坚持，不愿意努力，总和我们讨价还价这个问题，我首先觉得是挺好的事情。因为大家相互沟通、讨价还价，是非常有建设性的一种互动方式，没什么不可以接受的。谁说绝对地服从大人就是好的呢？不会顶嘴的孩子永远长不大。

另外，孩子这么小，还是幼儿呢，家长就断言说他不愿意坚持，不愿意努力，我觉得有点太绝对化了，这是站在父母的角度给孩子贴了一个标签。其实你仔细回想一下，在孩子打游戏、玩乐高、出去旅游、跟小朋友一起看绘本时，他愿不愿意坚持、付出努力？不要太早给孩子贴负面标签。

有一句话说，如果遂了孩子的意愿，就什么兴趣都无法培养。我并不想跟家长讨论这句话本身的对错，因为这句话在形式上就是不对的。这句话从心理学角度看，就是非理性观念。在家长头脑中有一些特别绝对化的非黑即白的观念，推而广之成为特别概括化的思考问题的方式，用这种思考方式教育孩子其实是挺可怕的。

我看到这句话的时候就想，家长怎么能如此看孩子呢？这实际上是教育价值观的问题。如果听孩子的意愿，这个兴趣就无法培养，那意味着什么？意味着得根据大人的兴趣来选择，对吧？大人认为你应该有什么兴趣，你就得有什么兴趣；大人认为你应该有什么特长，你就得有什么特长。所以这才是孩子不愿意学东西的原因。其实孩子上的兴趣班不是孩子的兴趣，而是大人的兴趣；孩子上的特长班，不是孩子的特长，而是家长认为他应该有的特长。那孩子凭什么要热爱和坚持呢？做家长的过程，其实就是一个不断反思、不断觉察、不断觉醒的过程。希望家长在养育孩子的过程中，对孩子、对自己都有一个更深的看见。

**答家长问**

### 如何激发 5 岁孩子的内在学习动力？

问：如何慢慢激发 5 岁孩子内在的学习动力？在日常亲子教育中，家长应该做哪些引导呢？

答：5 岁的孩子是不可能没有内在学习动力的，就看学什么了。8 岁以前的孩子都不可能没有内在学习动力。怎么激发？我觉得真不是激发，因为内在的动力，最重要的就是看见。孩子小的时候，是有着旺盛的好奇心和强烈的内在学习动力的。问题的关键在于，内在学习动力，要能够被看见，被外在灌注进去。不是你一定逼着他去做什么，那叫外在动力。

内在动力是什么？是你静静地看着他，发现从他内心流淌出来的东西。所以，在孩子小的时候，家长更多的是发现，是看到，是把孩子放到特别自然的环境当中、各种各样的教育场景当中，然后去观察。你把孩子放到乐高店，放到游戏房，放到图书馆，放到书店，放到博物馆，放到科技馆，放到音乐会场，放到社交场所，放到大自然中……家长带孩子出去玩，其实不是出去玩，而是给孩子提供多样的场景，对孩子有更多的看见，也让孩子对自己有更深的看见。家长看到孩子在那些场景当中是什么样的状态、什么样的行为表现。然后就慢慢能看懂自己的孩子了——这孩子有什么特点？对什么东西感兴趣？做什么事情时是怎样的一个态度？喜欢做什么事情？刚开始的时候什么样？做到中间什么样？遇到困难怎么样？最后结束的时候怎么样？是如何跟人分享的？跟人交流的情况是怎么样的？他学习的内在兴趣、动力、特长、优势到底在哪儿？

不是家长凭空想：你应该有个什么特长，你应该有什么兴趣，你应该为什么事情努力。家长要做的是，给他提供机会，把他有兴趣的东西和没兴趣的东西连接在一起。语数外政史地理化生，其实原本也是孩子喜欢的，但是不知道为什么搞着搞着就搞成孩子不喜欢的了。不喜欢怎么办？就在他喜欢和不喜欢之间建立起连接。至于他喜欢什么东西，你要发现和看到才行。把我们大人的兴趣爱好强加给他，那就不是他的内在学习动力。

答：这个好像是我说的，所以我不能说它没道理。那么，父母在教育中能不能使用物质奖励？当然能。如果使用的话，合适的度在什么地方？在不伤害或者削弱内在动机的情况下就可以用。那么，什么是正确的奖励孩子的方式？

你要知道我们说的外在奖励削弱内在动机，主要是指学习动力。每个孩子都有天生的好奇心，这是他的探索精神，是他学习的最主要的力量源泉。家长揠苗助长，太想把学习这件事情搞好了，所以就加了很多外在的奖励来促使孩子学习，结果却把原有的学习动机给转移到外面去了。从这个角度看，外在的奖赏对孩子学习的内在动机有削弱作用。

在生活当中教养孩子，可不完全只有学习这一件事，包括成长过程中要养成良好的行为习惯、社会化待人接物的态度等。家长期待孩子做出一些反应和行为的时候，就会给出一些奖励，这在心理学上叫强化，来把这样的行为固定下来。如果孩子出现一些家长不太期待的行为，家长可能会给他惩罚，这样就会削弱孩子的行为。强化，就是给孩子及时的反馈，这是非常重要的教育养成方法，行为主义心理学是特别赞同的，见效很快。所以，给孩子奖励也好，批评也好，都是很重要的教育方法。我们并不反对。我们只是说在学习动力的激发方面，太多的外在动机会削弱内在动机。因为本来内在动机就很强了，你应该保护内在动机，而不是一味地靠外在的物质奖赏来操控。

除了学习有内在动机之外，孩子有一些行为没有强烈的内在动机。比如，你让孩子不能摸电门。他没有天生的内在动力对自己发出警告，这就需要一些外在的奖惩。我们常说多奖励、多鼓励、多表扬，少批评、少惩罚。奖励也分精神奖励和物质奖励。能不能用物质奖励？当然可以了。孩子做得好，家长给他买玩具、买糖、买雪糕，都是很好的物质奖励，没问题。

这样的奖惩方式的度在哪里？我觉得第一个是对等。就是说你奖励也好，惩罚也好，得跟孩子的行为匹配。很大的一件事，你不能用太小的奖惩力度；很小的一件事，你也不能用很大的奖惩力度。奖惩力度得跟行为是对等的。第二个就是得稳定。意思是说奖惩得有规律，不能忽有忽无、忽轻忽重，这样会让孩子搞不清楚自己到底做得对还是不对。也就是说，突然的奖励或者惩罚，起不到行为养成的作用，应该事先有约定、奖惩有规律。奖惩不应该是发生在孩子做了某个行为之后突然降临的一种回馈，而应该来自事先的约定。今天我如果连续得到多少朵小红花，就可以买一个玩具。让孩子能够看到这个行为的指向，这在心理学上叫作代币法，是一种非常好的行为养成方法。事先孩子知道规则，然后也知道自己如何努力，这样的奖励是没有问题的。不要经常给孩子惊喜或者惊吓，让孩子找不着规律，没有努力的方向。只要事先有约定，只要这件事情是可预期的，无论是物质或精神上的奖励都没有问题。

所以，并不是说为了强调孩子的内在动力，就没有外在奖惩了。孩子有天生的学习动力，家长应该保护。但是我们知道，孩子还有很多行为没有天然的内在动力，需要通过奖惩的方法来做调整。及时的强化是形成良好行为的一个非常必要的条件，需要合理使用。

# 4

儿子对弹钢琴没兴趣了，还要继续学习吗？

有位家长因为孩子学钢琴的事很烦恼，有一次甚至把孩子说哭了。起初孩子对钢琴很感兴趣，家里也给买了很贵的德国钢琴，可是后来面临考级被老师逼得很厉害，孩子就失去了最初的那份热爱。

我当时对这位家长说，如果你不期待孩子成为钢琴家，那就把弹钢琴当兴趣来培养，喜欢弹就弹一下，不开心就不弹了。

孩子在小时候都是十万个为什么，是疯狂的学习者。但是家长觉得不够，一定要给他外在的奖惩。他本来是因为想学而学，慢慢地，被家长转到外面——为了考第一名，为了成绩而学。原来的内在动机就下降了。

下降之后，家长又没有能力维持外在的动机。孩子上幼儿园的时候，家长在他脑门上贴一个五角星，他能开心一天了。等长大了，家长再去贴一个五角星有什么用？家长没有能力维持这个外在动力，这个动力会随着孩子的成长不断地消减。等有一天家长会发现，自己没有能力靠外在的奖赏支撑他的学习，那就麻烦了。这时他内在的学习动力已经被转移走了。

我认为内在的动力最重要。比如，我女儿画画也不是只靠天赋，而是她一直喜欢，一直有内在的动力和满足感。她一个月画满厚厚的素描本，这些年从来没有间断过。没有人是随随便便能出色的。那么这种没有外在压力情况下的努力靠什么支撑呢？

我让她别画了，休息一下吧。她说，那不行，我今天要画的还没有画完呢。这是她内在的动力。但只靠内在动力还不够，父母真想帮她的话，就应该让她的兴趣得到客观的认可。你夸她没用，她觉得：你懂什么？你又不是权威。

所以，对孩子不要硬夸奖，夸孩子很聪明，这个没意义。你能不能帮他超越别人，在群体当中得到认可才是关键。我女儿的奖励主要来自贴吧和社群。她很早就在卖头像，就是给人家画头像赚钱，画一幅最初只卖几十块钱，后来几百块钱，再后来几千块钱。

她自己还要做市场、做营销，要按照买家的想法来改画稿。这就是画画最痛苦的地方。你画一张脸的正面，买家说你能不能把脸再往这边转一点，那就意味着要完全重画。所以，做起来并不容易，但是她在这个过程中得到了认可，就会反过来激励她把这件事做下去。

如果说孩子很喜欢画画，虽然公认反馈不好，但还是很喜欢画，这个时候父母什么都不用做。看到他的兴趣和努力，反馈给他，但是不要揠苗助长。不能他画得很烂，你给他办一个画展，让他如何如何，我觉得那是没用的。

· 第二课 ·

如何培养孩子的
学习习惯

很多家长说，我孩子做作业拖拉，怎么纠正？我反问，孩子为什么拖拉？

我在广东的时候，有一个同事自己一个人带孩子，她老公在外地，孩子上小学五年级。一到暑假，一个男孩子被扔家里，肯定就是各种玩儿了。她不放心，于是上班时就把孩子带过来，放在我们办公室。办公室很大，有空余的办公桌，她让孩子在那儿做作业。过了一个多小时，孩子说："妈，我今天的暑假作业做完了，我想出去踢会儿球。"同事说："这么快就做完了？我检查一下……有两道题做错了，重新做。"又过了一会儿，孩子说："妈，我改完了，我还是想出去踢会儿球。"同事说："你就知道踢球，就知道玩儿。不行！再做十道数学题。"孩子很不高兴，但是也没办法，就又做了十道数学题。又过了一会儿孩子说："妈，我做完了，答案都对过了。现在可以出去踢球了吧？"同事不耐烦了："你怎么就知道踢球？你看你现在成绩多差，不知道利用暑假补一补，别人家的孩子都出去补课了，这样下去你以后会越落越多。不行，再写一篇作文！"就这样，同事盯着孩子做了一天的作业，她一定觉得很有成就感，孩子不但做完暑假作业，还做了十道数学题，又写了一篇作文。第二天，同事又把孩子带过来，让他写暑假作业，今天不一样了，一个小时过去了，

和孩子做队友

作业没有做完；两个小时过去了，作业还没有做完。同事说："你怎么到现在还没有做完？"孩子说："今天题比较难，我在思考。"总之，一个上午过去了，当天的暑假作业还没有做完。

你知道孩子为什么拖延吗？孩子心中很清楚，拖延是他的策略。他会说："妈，我要上厕所。"然后20分钟也回不来。回来了坐一会儿，又说："妈妈，我要喝水。"就是这样，各种借口，这是我亲眼所见的。我当时就想，孩子的学习效率为什么降低了？孩子为什么变拖拉了？这样的情景一定也在很多家庭发生过，大家想一想，为什么？

# 1

我遇到很多家长问我孩子做事拖拉的问题，做事拖拉在心理学上叫作被动攻击。

孩子会有这样的想法：你知道你们家长让我有多不爽吗？我讲道理又讲不过你们，干又干不过你们，我没有其他办法反抗你们，但是我作业做不完行吧？作业做不好行吧？

有什么能让父母暴跳如雷？孩子发现作业做不完，考试考不好，是攻击父母的最好方式。

孩子发现让家长关心自己的一种方式，就是学习成绩不好。不管你平时怎样不理我，只要学习成绩不好，老师找家长，你就没有办法，你就必须来关心我。所以很多孩子做作业拖拉，成绩不好，都是表达自己对父母不满的一种方式。你不是能搞吗？你把手机没收了，把 Wi-Fi 也关了。你不是天天盯着我写作业吗？你有本事把我的成绩提高上去呀！你不是很厉害吗？我告诉你，不行！没有我的配合，你做不到。这是对父母最好的报复。

家长干吗非跟孩子对抗呢？大家的目标是一致的，应该站在一起，通力合作。你花那么多心思跟他斗智斗勇，孩子没有办法，也要花很多心思反击。有时间大家一起讨论如何提高成绩，改善一下学习方法不是挺好的吗？干吗这样折腾呢？有特别多的家庭就是这样。你让我不高兴，我也让你不开心，最后大家都过得非常憋屈。

现在做作业变成了老师和家长控制孩子时间的一种方式，失去了作业原来的价值。从心理学的角度讲，写作业最大的价值是什么呢？

**第一，它是对孩子白天学到的知识点的复习和巩固。**按照艾宾浩斯遗忘曲线，我们白天学到的绝大多数东西，晚上都会忘记。所以，做作业可以帮助我们及时捞回一些记忆。但是不要妄图记住百分之百。从心理学的角度讲，150% 的学习是最有效的。什么意思呢？你学一个东西学 10 遍学会了，那么学 10 遍就叫 100% 的学习。你学了 15 遍，这就是 150% 的学习，记忆效率最高。所以，白天学会后晚上回家再加 20%—50% 的强化学习，对知识的巩固是有价值的。但是再多，200%、300% 的学习就变成低效学习了。有的老师罚学生 3 遍、5 遍、10 遍、20 遍地抄写作业，那纯粹就是在做无用功。理论上，主科每科每天作业量最好控制在 20—30 分钟以内完成，副科 10—15 分钟以内完成。教学水平不行，抓不住重点的老师才会大量留作业。

**第二，找到自己的错误在哪里，并及时反馈。**这实际上是作业最大的作用——在课后练习中，找到适合自己的解题思维和解题模式。这靠大量写作业是做不到的，而需要不断复盘和不断修正才能做到的。这就跟一个篮球运动员练习投篮一样，把球投出去之后，马上就能判断自己刚才用的力气是大了还是小了，投球的方向是偏左了还是偏右了，球是转了还是没转，手是压腕还是没压腕，然后不断调整找到适合自己的投篮方式。所以练习投篮最重要的作用是什么？是自我修正。现在孩子大量写作业相当于什么呢？就相当于篮球运动员蒙着眼睛去投篮。就是让你站在篮板前，不停地给你球，你不知道投出去的球是命中了还是没有命中，力量是大了还是小了，方向是偏左了还是偏右了。反正这个时间就是让你一直在投篮，保证没有去做别的事。现在作业最大的作用是把孩子的时间占住，不让他去做其他我们认为可能干扰到孩子学习的事情。让孩子做那么多无及时反馈和精准反馈的作业，就相当于让运动员蒙着眼睛投篮。家庭作业的关键在于老师精准的批改，在于复盘。缺少及时反馈的作业，使得孩子的生命被无端地浪费，付出了巨大的机会成本，被剥夺了全面发展的机会，孩子的童年就变得特别可怜了。占了孩子的成长时间，却不能提供精准反馈，这就是现代作业之恶。

第三，所有的作业必须回到知识点上。因为不管是从学习还是从考试的角度讲，考查的是知识点。题是永远做不完的。能通过做某道题，或者做无限多的题，使孩子将来在考试的时候碰到做过的题，这几乎是不可能的。作业的目的是回到知识点上。但是我看到现在很多题目的设计已经远离知识点了，即使孩子掌握了这个知识点，依然做不对这道题。这种情况很普遍。题目出得很奇怪，题变成了一个博弈、一次脑筋急转弯。里面有一个陷阱、有一个难点、有一个不应该出现的东西在干扰你做题，使得你知识点会了，但是拿不到分。

现在我们遇到的问题是，孩子的作业量一直在增加。这个增加已经不是为了巩固知识，而是为了争夺时间，获得比较优势。班主任希望自己班的学生比其他班的学生学习时间更长，科任老师希望在自己的学科上花的时间更多，家长希望自己的孩子比其他孩子学习的时间更多。学习，变成了一种时间投入的比拼。而时间的总量是有限的。现在孩子的学习时间已经挤占了睡眠时间、运动时间、户外时间、社交时间、休闲娱乐时间。作业变成了挤占时间的借口。作业本身缺少设计、安排和反馈，带来的学习效果越来越差，成为低效学习模式最典型的特征。我们好像觉得只要把孩子的时间耗费在作业里面，就更加心安理得。因为我们发现除了作业之外，吸引孩子注意力的东西特别多，游戏、动漫、同伴交往、网络社交等。所以，为了逼孩子从其他在我们看来无用的活动当中撤出来，我们就用作业把他捆住。包括每天放学以后、周末、寒暑假，都是用越来越多的作业把孩子捆住。作业本身有什么用已经不重要了，哪怕是重复作业、垃圾作业，只要能把孩子的时间占住就好。

家长、老师不惜一切代价不断叠加的作业，孩子只要一招就可以破解，那就是拖延。当然还有最后的撒手锏——厌学、辍学乃至彻底躺平。这是来自孩子的被动攻击。解决的办法也只有一个，就是踏踏实实的真正落实"双减"政策，不再疯狂地攻击孩子。

# 2 低效学习的三种模式

　　学习是一种学问，是有技巧和方法的。本来孩子在学校最主要的任务就是学习，老师就是教大家怎么学习的。但是令人感到奇怪的是，我们整个教育体系似乎只研究老师怎么出题、怎么考试，却不研究学生怎么学习、怎么考试。在学习和考试这件事上，完全放弃了脑科学、心理学的科学研究成果，把最笨、最低效的学习模式推荐给了学生，并且强制性地推动，导致中国学生的学习时间世界第一长。我认为，这种"低效"学习模式主要体现在以下几方面。

　　第一是无头脑学习模式，把学习看成是一种体力劳动而不是脑力劳动。众所周知，学习是种智力活动，但是我们现在是在用干体力活的方式要求学生完成学习任务。有一个字不会写了，那好，你誊写十遍；有一道题不会做了，好，那你加做十遍；有一篇作文没写好，来，按照范文抄十遍。错一个，罚十遍，错得越多，罚得越多，按照动物园训练猴子的方式来教孩子学习。如果学习是体力劳动，那么怎么创造劳动价值呢？就是无限延长劳动时间呀。比如说你在搬砖、扛石头，只要让你多干一个小时，就一定可以多搬几块砖，多扛几块石头。家庭、学校现在都在努力地延长学习时间，早早地上课、提前早自习、上课要拖堂、自习

和孩子做队友

要抢课、体育老师要生病、放学要延长、课后要做作业、周末假期要上补习班……我们是想通过延长学习时间来提高学习效果。但是大家都忘了一件事，学习效率＝学习的总效果÷学习的总时间。单纯地延长学习时间只是增大了分母，在学习效果没有大幅度提升的情况下，必然会带来学习效率的下降。现在好像很多老师和家长都在玩命地干一件事情——把学生的学习效率降下来。可以说，在学习领域，我们推荐给孩子的学习模式，还停留在奴隶社会。这是特别令人匪夷所思的一件事。

第二是无心灵学习模式，把学习看成是一种认知程序而不是应对模式。学习是什么？背课文、背单词、背公式、背标准答案。把学习看成是单纯的复制粘贴过程。你只需要知道标准答案是什么，不需要问为什么，不需要经过大脑的思考，不需要提问，更不能质疑和批评。写作文不需要真情实感，不需要真人真事，不需要真实表达，只要按照标准答案的给分标准，用确定的素材组装出一篇正确的废话组合就可以拿高分。阅读理解不需要你对文章的理解，只需要按照既定的套路去猜测出题人的意图，用你无数次猜对猜错的经验，去碰出题者微妙的心思和设置的陷阱就行了。所谓标准答案，并不是对这个世界客观真实的认识，而是对游戏规则和标准答案微妙差异的理解和把握。学习和考试，变成了一场纯粹的猜谜游戏，与人类历史、社会发展、个人成长相去甚远。

第三是无情境学习模式，把学习看成是一种元素习得而不是问题解决。目前，这个世界上最成功的学习模式就是母语的学习。孩子从一岁多开始牙牙学语，到三四岁的时候就可以和大人讲理、吵架，丝毫不落下风。你现在去看看网上那些幼儿园小朋友和大人互怼的短视频，会对他们思维的缜密、逻辑的自洽、反应的敏捷、语言的精准赞叹不已。他们只用了很短的时间、有限的资源，就能把汉语这门世界上最难学的语言学得如此精通，你怎么能说孩子不爱学习、不能学习呢？他成功地学习过呀。

可是为什么他一开始学英语，就学得没有这么快、这么好了呢？主要是，学反了。

学母语是怎么学的？先把孩子浸泡在真实的语言情境中。孩子还不会说话呢，妈妈就开始跟他聊天了。妈妈对着不会说话的孩子一聊可以聊几个小时，而且都是结合着具体情境的。这个是什么呀，那个是什么呀，我在干什么呀，你在干什么呀，把亲子之间的互动全部用语言描述出来。渐渐地，你就会发现，孩子可以听懂了，而且可以用手势、动作、单一音节、哭笑、表情来表达自己了。孩子刚开始冒话的时候，可能很简单、不精准，我们就不断地去猜测，去鼓励，去互动，孩子的语言能力也就一天比一天强大了。所以，我们的孩子学习母语，是先有语言情境、上下文结构，再有段落、句子、短语、字词的。

而孩子学习英语的时候，则是完全反过来的。先学字母、单词，然后学短语、句子，最后学段落、篇章。这是一种元素主义的学习方式，完全脱离了语言情境来学习语言，就把语言学死了。你看孩子学汉语是这么学的吗？孩子刚刚会说话的时候，我们会让他学横竖撇捺，学拼音，然后认字、组词、造句吗？不是这样的。我们的孩子学母语是先被放到语言情境当中，不断地去重复，然后渐渐地精细化，等把整个语言情境理解了，再确定这句话怎么说是比较合适的，应该用哪个词。但是学英语却是完全反过来的，他怎么能学好呢？所以我也很奇怪，为什么我们现在搞出这么一套很古怪的学语言的方式。

学习是有规律的、是科学的。我们现在把最笨、最吃力、最浪费时间和生命的学习方式推荐给孩子，是对孩子的不负责任。希望家长、老师都能为减少学习时间、提高学习效率做出自己的努力。

# 3

别怪孩子跟不上，先找到他的天赋优势

　　不加班加点写作业，很多家长担心孩子学习跟不上。

　　所谓跟不上是哪些方面跟不上？是行为习惯跟不上（有些学生还没有养成良好的学习习惯，总是丢三落四）？还是在师生关系方面跟不上（老师觉得孩子有问题）？还是理解知识有困难（家长不一定知道，有很多学生存在阅读障碍）？还是说在卷面表达上有问题（会做的题总是拿不到满分）？老师讲的东西有些孩子都会，但是考试考不好。考不好是因为孩子没有按照老师期待的方式呈现他对知识的理解，不是他没有学会。所以这里面的原因有很多，家长一定要了解清楚。

　　我女儿刚上小学一年级时，他们班做摸底听写100个汉字。其实现在看起来这个入学摸底考试是没有道理的，因为孩子刚上小学，理论上一个汉字都不会写也是正常的。但是老师觉得不行，要摸一下底，看大家掌握得怎么样。我女儿第一次参加考试，回来让我看她的卷面成绩，要求家长签字。我一看成绩97分，就表扬了女儿。我说你表现真好，还没开始学习呢，第一次考试就能考97分，100个汉字只错了3个，很不错。晚上班主任打电话过来。老师问："我们今天考试了，要求家长签字，要写意见，你看到卷子了吗？"我说看到了。"你看了卷子有什么

　　　　　　　　　　　　　　　　　和孩子做队友

感受？"我说感觉挺好的。老师当时就火了："这样的成绩你竟然说好？作为家长怎么能这么想问题？你知道吗？你女儿是我们班里面摸底考试最后一名。我们班这次考试17个100分，剩下的都是99分，连一个98分都没有，你女儿考了97分，严重拖了我们班的后腿。你做家长的要高度重视这件事情才行。"我当时就蒙了。我觉得97分已经很不错了，但是老师认为97分是不可容忍的。

不知道大家看没看到，小学的很多评分方式是值得商榷的。考100个汉字，按理说一个字应该1分，错1个字扣1分。但是很多小学不是这样的，100个汉字听写，错1个字扣5分，你要错3个字可能就得85分。人家都考100分，我的孩子考85分，家长会觉得差距很大，实际上并没有，100个字里面只有3个不会写，从心理学的角度看，没有显著差异，这个无所谓的。会写97个字和会写100个字，看不出谁比谁更聪明，谁比谁更厉害。有时候老师、家长，对考试，对一道题的对错，看得太重了。

说实话，把孩子的卷子拿过来让我们做，我们也不见得做得好。原来是小学题应该没问题，初中有点难度，查查资料能查到。现在，拿来小学一年级的题，家长都不一定会做。幼升小的一些题让我做，可能都会难住我。有时那些很古怪的评价方式，完全没法理解。有人把小学课文拿出来，让原作者去分析作品的中心思想是什么，表达了什么，为什么用这个词，这个句子为什么这么用，结果发现原作者也答不对这些问题。这说明什么？说明这个不是真正的知识，就是一个猜谜游戏。有人编了一道题，编了一个答案，让学生猜而已。猜对、猜不对并不能说明猜的人有什么问题，却有可能成为选拔人的分水岭。

写作业、考试的目的除了检查、巩固知识，更重要的功能是找到错误的模式和知识点。如果孩子在同一种类型的题目上或者同一个知识点上经常出现错误，一定是他在那个点上存在卡点。比如说一个高三的学生在物理考试中出现了计算错误，不一定是他高中物理没学好，非常有可能是他小学三年级的某种计算习惯存在盲点。这个点不解决，永远会出现会的题拿不到满分的情况。你懂了高中物理不行，还要解决在小学三年级的数学计算上的问题才行。有些人说，知识我都会，就是粗心、马虎。但要是一直粗心、马虎，要么是个知识盲点，要么是个心理盲点。不解决它，永远会一而再、再而三地出问题。所以我觉得作业不会做、考试考不好都是挺好的事，因为可以在犯错误的过程中，找到出现问题的原因。现在很多老师、家长、学生都厌恶错误，追求全对，甚至不惜弄虚作假，那做作业和考试还有什么意义呢？

有人问，孩子学习成绩不好怎么办？其实我女儿小学时学习成绩也不好。现在看来，不是我女儿的问题，是那个学校和那个老师认为，凡是进他们学校的学生，就应该什么都会。学生不会的话，就应该由家长教会。在这样的学校和老师面前，参加家长会是极其受辱的事情。我们也想过各种办法，请家教、找老师补课、盯作业、爸爸、妈妈各盯几科，但是好像都难以做到让学校和老师满意。后来，我们也接受了这样的现实，知道孩子在学校一定被老师折磨得够呛，我们在家里就不要再为难孩子了吧。

女儿小学四年级的寒假，我们还在正常上班，孩子已经放假了，天天在家里没有人管也不行，就想着给她报一个班，相当于推卸责任，找人来盯着她。当时本来想报一个跆拳道班，结果不是地点不对，就是时间不对，拖来拖去就过年了。这意味着我们把孩子扔在家里，白天上班时没有人管她。她就在家上网看动漫。我父母到我家过年，待了几天，就提醒我们说，这孩子一天到晚老看动漫，这样会不会有问题，你们要管一管。我说，反正放假在家里也没有事儿，她愿意看就看吧。

一个寒假看了240多集动漫，看完以后就开学了。但是这个日本动漫并没有播完，接下来还持续边拍边播，每周播一集。每周二在网上出现日文原版，字幕小组翻译后，周四会出中文字幕版。所以自从开学以后，每到周四晚上放学回家，女儿吃完饭就把作业拿出来说："老爸你给我签字，我作业做完了。"我问她什么时候做的。她说，自习的时候、课间的时候、午休的时候……反正是做好了，你来检查吧。我检查完看差不多就签字呗。签完字了，她说："作业做完了。我想看一会儿动漫，你觉得可以看吗？""为啥不可以？作业做完了就去看吧。"从此以后，周四的作业不需要家长担心了，女儿保证能按时完成。看完动漫的第二天去跟同学交流，她就有话说，如果不看以后就没有办法和人家交流了。后来她星期二回来作业也做完了，说也想看一会儿动漫。虽然是日文原版的，看不懂，但你要知道240多集她都看完了，随便看下画面就知道剧情的发展和走向了。看完以后再到学校和同学们聊起来就厉害了。此后一个学期，周二、周四的作业不需要家长操心，保证能做得很好。周二看一次日文原版，周四看一次字幕版，就这样又看了一个学期。

看这部动漫的人，都在百度贴吧发表评论、聊天。一周出一集大家等得挺煎熬的，于是很多人开始预测剧情的走向，遇到想法不一样的，就在贴吧里吵。放暑假没有事儿，我女儿就在网上开始写剧情同人文，来猜想接下来剧情的走向。结果一个暑假写了 4 万字的续集。小学四年级哪来这么强大的力量呢？原来她写的所有东西都是即写即改的。写完了往网上一挂，大家就上来看。觉得写得烂，就拍砖头开骂；觉得写得好，就给她献花点赞。一个暑假攒了 300 多个粉丝，简直成了大 V。她也特别把这事儿当回事儿。晚上带她出去吃饭，7 点一到，她就说，我们回家吧。问她为什么，原来今天还没有更文。她特别有责任心，因为有几百人在等着看。一个暑假过完，她的作文进步巨大。况且这 4 万字都是被几百个老师在网上批改过的。从此，只要她一写作文就是班级范文。

从此，她学习语文的自信心爆棚，觉得自己很有能力。既然动漫看了这么久，那么干脆去日本读动漫大学的动漫专业吧。但是要通过 N2 考试——日本人考大学的日语考试。她从来没有学过日语，所以在上海请了日语老师，报了一个考前突击班。结果上了一周的日语课后，日语老师对她说，你的听力、会话和阅读现在就已经达到 N2 水平了，你只需要再加强一下语法和词汇就可以了。她在学校从来没有学过日语，都是看动漫时自学的。我女儿在日本读大学期间，永远是在日语 A 班，听力和口语永远满分。她对日语绝对有自信，靠什么？就是靠看动漫看出来的。

这件事对我触动特别大。到底什么是学习？她从幼儿园开始学英语，每天回来都做英语作业，做了12年，水平竟然不如日语。学习到底是怎么发生的？要重新想想这件事了。我们老说孩子学习有问题。我觉得对孩子而言，学习永远不是问题。至少你们家孩子会打游戏这件事告诉我们，孩子的学习能力没有任何问题，就看他想不想干。有学生在网上作曲，谁教过他？如果找一个作曲老师，天天留作业让他必须练习，差一个音符也使劲儿批评，你觉得他能学会作曲吗？

所以，别说孩子跟不上，先找到孩子的天赋、优势，让他刻意练习成为出类拔萃者，再在自我奖赏中形成学习的良性闭环。

　　我女儿上小学的时候，作业是她妈妈盯的。后来她妈妈有点盯不住了，我们就请了一个家庭教师帮助盯，反正我不盯。刚上初中，孩子妈妈有一年半不在家，出去代职了一年，护航了半年，家里就我一个人带孩子。有一次，女儿第二天早晨要默英语单词，所以放学回来就跟我说："爸，今天吃完饭，你能不能帮我默一下英语单词，我明天要考试。"我说："默英语单词和考试是你的事儿，不是我的事。我有我的事。如果你爸是个文盲，一个字都不认识，怎么帮你？文盲的孩子不也是要背单词的吗？"我女儿特别伤心，给她妈妈打电话告状，说爸爸太不像话了，连单词都不帮我默。孩子妈妈不在家的三个学期，我成功地逃开了盯我女儿做作业这件事。让我签字我签，怎么签都行。让我盯作业我是不盯的。我女儿写作业的时候，我会在她的房间里做我的事儿，或者我看我的书，她画她的画、做她的作业。所以跟女儿的关系很好，绝对不会因为写作业发生争执和冲突。爱做不做，爱抄不抄，爱玩成什么样玩成什么样，那不是我的事儿。所以我女儿很清楚，她的作业、考试和我一点关系都没有。

　　这三个学期，我女儿每一次期末考试，都拿班级成绩进步最快奖。那三个学期是我女儿学习成绩提高最快的时候，因为她知道学习是她自己的事儿了。她有尊严和面子，她有她要面对的人生，她有她解决问题的办法。我女儿也从来不需要花功夫对抗我，因为她知道我永远和她站在一起。

很多孩子要花很多时间对付家长。孩子对付家长，家长注定是失败者。你说我有很多招可以控制孩子，那我倒要看看，最后谁赢。我是最早退出的，我不跟她玩对抗游戏。我们俩是一伙儿的，我们一起玩儿，你说玩啥？我不扮演孩子生命中的反派角色。可能每一个家庭不一样，我不认为我的经验可以复制。

女儿妈妈回来后就轮到我出去护航了，我临走的时候只交代了一句话，我说别的方面你想怎么带孩子都可以，就是千万不要盯女儿的学习。孩子妈妈问，如果作业完成得不好，老师打电话来怎么办？我说，你一定要扛住，跟老师该认错认错、该道歉道歉，回来千万不要管她。她不管怎么不做作业，成绩多不好，你要忍住，不要去理，你一理就会黏上。问题是，这件事你可以管，但是你没法为这件事的结果负责。你想全盘控制一件事，但是又不为这件事的结果负责，这就是耍流氓。

我一直搞不懂，很多父母哪里来的自信，认为自己可以管好孩子的学习。我把学习的主动权交还给孩子，只做陪伴者。因此，我女儿很清楚，她的学习、作业、考试都是她自己的事，她为过程和结果负责。但她要是不开心了，我们一起面对。她说这一次考砸了，求安慰，没有关系，我们出去吃一顿好的，出去聊天、散步。我不是你的敌人，我是你的队友，我们遇到事情一起面对，但是，学习归根结底是你自己的事儿。

# 5

**从拖延到自律，只需三步**

　　别逼孩子用意志力来战胜拖延症。我也有拖延症，我就战胜不了。别高估人的意志力，凡是靠意志力坚持的东西，最后都会扛不住的，除非你把它转化成可以自我奖赏的闭环。尤其是青春期的理性脑还没发育到可以管控情感脑的地步。孩子一旦陷入情绪中，就会启动"趋乐避苦"的心理机制，更容易被即时满足吸引，很容易陷入拖延中而无法自拔。家长帮助孩子战胜拖延症，除了别再吓唬孩子之外，主要做好以下三步：

　　第一步，分段作业。不管什么作业，都要把大任务拆成小任务，大块时间拆成小块时间，分段完成。国际通用的标准是"30+5"计划，即把大任务拆成 30 分钟之内能完成的小任务，完成之后休息 5 分钟。所以你要让孩子做学习计划，不能只做干活的计划，还得做休息的计划。为确保"30+5"计划的完成，可以买一个倒计时钟，无论做什么事，都让孩子先分段后定时，定时完成小目标。青春期孩子注意力的保持时间就是 20 分钟左右，在注意力高度集中时完成作业，效率是最高的。如果超过30 分钟，孩子的注意力就会分散，走神和拖延就在所难免了。

　　第二步，坚壁清野。一方面，孩子要有固定的学习空间，这里只有书桌、文具、书本，而玩具、电脑、iPad、手机等其他

和孩子做队友

物品一概被放到别处。另一方面，家长在孩子学习时，别去削苹果、剥橘子、倒牛奶，甚至去纠正坐姿、订正错别字。这个空间或者区域只用于学习，不用于干别的事。孩子一走进学习空间，就进入学习的氛围。孩子的大脑和身体都养成了条件反射，这个环境只能学习。

第三步，积极强化。除了任务清单，还要让孩子列愿望清单，学会自我奖赏。让做作业成为一件心生喜悦的事。让孩子多微笑，不要愁眉苦脸、咬牙切齿地去学习。可以通过深呼吸，让身体放松下来；可以通过舒展眉心、面带微笑，保持良好的情绪状态。把写作业这件事和积极愉悦的情绪联系在一起。比如在开始的时候先做容易的题，获得成就感。也可以每做对一道题，就让孩子往喜欢的罐子里放入一颗小星星，累积到多少颗星星就可以给自己怎样的奖赏，让成功和进步看得到。

# 6

用脑科学激发孩子的学霸思维

在青春期，孩子大脑发育的高峰主要集中在情绪脑，而理性脑的发育水平会弱于情绪脑，这就使得青春期孩子很容易受到情绪左右。而情绪很容易出现冰火两重天的"极化"现象，忽高忽低，忽左忽右，这就容易出现学霸和学渣两极分化的现象。

那么，什么是学渣思维？所谓学渣思维就是：

第一，学习很艰难，就怕挨批评。身体里面皮质醇水平高，心理压力大，爬行脑没有充分的安全感。理性脑功能受情绪脑影响大，学不进去。一提到学习，总怕被催、被逼、被骂、被训，不是想反抗，就是想逃跑。

第二，学习很痛苦，努力没效果。孩子情绪脑中的杏仁核和海马体特别活跃。在杏仁核恐惧情绪的促使下，海马体会将曾经痛苦的记忆都调动出来，把学习和痛苦的经历进行反复连接，从而对学习产生恐惧感和挫折感，进而产生攻击性，很容易被激惹。

第三，学习靠他律，自己不可控。孩子被家长、学校逼着、赶着来学习，什么时候学，什么时候休息，学得怎么样，完全受制于人，被他人控制。这就会让孩子觉得学习不可控，无法进行自主学习，让孩子的理性脑对学习彻底失去信心，失去控制感，失去动力。

那么，什么是学霸思维呢？所谓学霸思维就是：

第一，学习很轻松，攀登莫问高。真正的学霸觉得学习很安全、很轻松，不会给他带来威胁和打击。这种安全感，来源于"只攀登，莫问高"的心态，他学好点、差点、快点、慢点，都能被接受，都可被控制，都是安全的。

第二，学习很愉快，沉浸在其中。学霸的血清素水平高，皮质醇水平低，也就是说幸福感强，压力小。同时，学霸在学习过程中很沉浸、很快乐。他可以一边唱着歌，一边听着音乐，一边学习，这就会让多巴胺水平增高。多巴胺能给人带来快乐体验，促使学霸更倾向于去学习。而脑科学研究发现，学习效率最高的时候，不是注意力高度集中的时候，恰恰是在放松、心情愉悦的时候。

第三，学习靠自律，节奏均可控。就是说学霸可以自定计划，自定步骤，今天晚上先做哪个学科的作业，准备做多长时间，中间休息多长时间，想做什么就做什么。这样，学霸学习过程中的步骤和节奏就都是自己控制的，不受制于人。事实上，这对大脑前额叶的控制力提升也有非常大的好处。

那么，站在家长的角度，应该怎么做呢？

第一，要让学习的氛围是安全的，做到可视不监视。家长首先要给孩子树立榜样，把学习的主动权交给孩子。很多了不起的父母，在孩子学习的时候，会跟孩子一起学习。教育心理学研究发现，父母教养方式当中，对孩子学习成绩影响最大的因素就是母亲在家的读书时间。如果一个妈妈每天在家读书超过 30 分钟，你的孩子学习成绩是不可能不好的。

第二，要让学习的过程是快乐的，做到指导不指责。家长应该让孩子把快乐和学习连接起来，在孩子学习时，不要骂他、训他，别指责孩子，也别去评价孩子。你跟孩子的交流应该是轻松愉悦的。别激惹孩子的情绪脑，别让情绪脑劫持孩子学习的理性脑。

第三，要让学习的环境是可控的，做到自主不自流。家长要让孩子拥有一个自己说了算的空间，不被打扰。孩子在这个空间内，可以自行安排时间、节奏。有时候家长非要控制时间，然后，孩子就开始跟家长对抗。家长控制时间越紧，孩子就越想抽空玩。尤其是有些家长在孩子完成作业后，还层层加码，那孩子一定会在做作业时拖拖拉拉。如果让孩子自己掌控时间，他就能提高学习效率，因为时间都是自己的。

## 孩子凌晨 4 点起来写作业，要阻止吗？

问：女儿三年级了，我们 5 点钟下班回家做饭、吃饭，开始做作业要到 7 点钟了。孩子写作业比较放松，容易分神，最多能认真做一小时，8 点以后就开始犯困了，不能专心完成作业。我就比较急了，说你看你还不抓紧时间。但看到孩子犯困又觉得孩子太辛苦了，这样学习效率也不高，就关灯让她赶紧睡觉吧。这孩子特别懂事，为了保证去学校前能写完作业，她凌晨 4 点起来赶作业。早上效率非常高，晚上一小时完不成的事儿，早晨半小时就能完成。孩子早晨起来赶作业这个习惯，应不应该改掉，或者家长应不应该支持？另外，看到孩子做作业磨蹭，家长应该怎么调整自己的情绪呢？我们也意识到作业不能一直盯着，知道要放手，但是该怎么做好这个过渡呢？

答：听到这位妈妈的话，还是挺感动的。首先这位妈妈对孩子写作业非常用心，整个过程非常清楚，知道重点在哪儿，另外感觉这个孩子挺懂事。三年级的孩子，晚上困做不完作业，妈妈让睡觉,她也就睡了,但是她老惦记着这个事儿,知道作业没做完不能去上学。凌晨4点也能自己起来,把作业做好,这真是一个了不起的孩子。虽然,我们也不鼓励孩子太早起来,因为会影响睡眠,但是孩子这种提醒自己把事情做好、主动监控自己学习的过程,非常了不起。

我的建议是,妈妈要跟女儿站在一起。做作业是孩子的事儿,不是妈妈的事儿,是孩子要完成作业,不是妈妈要完成作业。妈妈想帮助孩子,最好的方式是跟孩子商量怎么解决这个问题。如果到了晚上没有完成,但孩子已经困了,这时候做作业效率也不高,干脆就早点睡,第二天早点起来。爸爸妈妈可以支持早起这件事,只要孩子的睡眠时间能够保证。没有好的睡眠,第二天听课的效果也不好,睡眠一定是比作业更重要的。因此,在保证孩子睡眠的前提下,早睡早起或者晚睡晚起,我觉得都可以接受,家长也可以调整一下自己的生活节奏来支持孩子。

做作业这事儿,我们不要把家长和孩子搞成对立的状态。三年级的孩子都会自己监控,自己醒来,自己把作业做完。其实那是孩子想完成作业,不是家长想完成作业;是家长为了陪孩子完成作业,不是孩子陪家长来完成作业。把这件事情彻底弄清楚,你就知道了,我们只是支持者和援助者。关键是你把作业变成是她要完成的事儿,不是你要完成的事儿。有的时候爸爸妈妈可能控制欲太强了,觉得那个作业应该按自己期待的方式、期待的时间、期待的质量完成。你太想做这件事情,它就变成了你的事儿。久而久之,变成了孩子是在陪你完成作业,为了完成你想要

　　　　　　　　　　　和孩子做队友

的那个作业。目前这个孩子自己还蛮想完成作业的，所以家长不要抢这个事儿。怎么完成、什么时间完成、以什么质量完成，那是孩子要做的事儿。我们就应该做一个特别好的队友，一个积极的支持者、援助者，帮她把这个事儿干好。

孩子一开始是需要你的援助和支持的，慢慢地，他自己也能把这个事儿做好了。如果他需要你帮忙，你就去帮一下；如果不需要帮忙，这个事儿他自己就完成了，那良好的做作业习惯就养成了。

另外，亲子关系和情绪比做作业重要得多。这意味着爸爸妈妈在陪孩子写作业的过程中，第一要关注的是关系，我们是合作关系，是队友关系，我们是一起对付作业的。千万不能变成家长跟老师一伙儿，来监督和对付孩子。我们跟谁一伙儿很重要，关系非常重要。第二，要保证做作业的过程中，我们跟孩子之间的情绪互动是友善、平和、积极的，因为队友之间是合作的关系，合作的状态下我们的情绪都应该是正向的。

如果在这个过程中，情绪不好了，你就知道自己不是队友了，变成敌人了。这个时候最好暂时撤出战场，先相对地隔离，不要把这个情绪宣泄出来，你出去该干点什么就干点什么。作业反正是孩子自己的事儿，让他自己来解决。他解决得好不好，那也是他自己要承担的。我们一定要保证好自己的情绪，因为关系和情绪是优于作业的，这一点非常重要。

我们只是陪伴不是监督，不要把自己抽离出来，变成一个监督者、评判者、奖惩者，不是的，我们就是一个陪伴者、一个支持者、一个援助者。孩子在写作业的过程中遇到什么问题了，我们去帮他解决。如果他觉得孤单，一个人面对作业的时候挺烦的，那我们就作为一个队友出现，不要做一个说三道四的人。

"己所不欲，勿施于人。"如果你老是带着工作晚上回来加班，你的孩子或爱人在旁边监督，你怎么还不做？怎么到现在还没做完？你为什么做得不认真？你的字怎么写得这么难看，擦了重写！你自己也会很烦吧。这是你的工作又不是他的工作，凭什么他来指手画脚、说三道四？我在这加班已经很不容易了，你还站着说话不腰疼，你能帮忙就上来帮点忙，不能帮忙就离我远一点，反正你又不能替我做什么。所以，不要把孩子当孩子，把他当成另外一个成年人，你就知道自己应该怎么做了。这叫作换位思考，你不希望别人对你做的，你也不要对别人做。

# 2

## 孩子作业多，我要不要让她退出啦啦操队？

问：孩子每天不能按时完成作业，到了晚上做着做着就困了。第二天早上还要去参加学校啦啦操队的训练，精力就有点跟不上。这个啦啦操队她本人特别喜欢，但是三年级的孩子无法合理安排时间，请问怎么沟通能够让她退出啦啦操队呢？

答：三年级的孩子其实也不小了，也可以自己做判断，自己做决定了。有一个出发点的问题先要搞清楚：谁来做决定，谁来帮助谁？家长最后问，怎么沟通能让她放弃啦啦操队呢？这句话本身就是个问题了。为什么要让她退出啦啦操队呢？这是爸爸妈妈的想法，还是孩子自己的想法？如果是爸爸妈妈的想法，那么为什么这么想？很显然三年级的小朋友在啦啦操队中找到了快乐，找到了成就感，她也很愿意参加，父母就应该支持。孩子难得有愿意投入去做的一件事，家长不想让参加，是认为啦啦操这事跟作业比起来，还是做作业更重要。其实要换个角度想，在孩子的成长历程中，能让他自己很投入很喜欢又很有成就感地去做的事情，其实并不多。我还是建议家长以孩子自己的兴趣为出发点。

我们遇到这种困扰时，也可以跟孩子讨论。我们可以说，爸爸妈妈支持你参加啦啦操队，但是我们觉得你睡眠的时间不够，睡觉也是非常重要的，不能牺牲睡眠的时间，那做作业这件事情，怎么更好地提高效率呢？高效写完作业，才能更好地参加啦啦操队。家长应该作为队友、支持者、陪伴者、帮助孩子解决问题的人，而不是一上来就自己先做了决定，这样搞得孩子也不开心。你最后真的要让她退出啦啦操队，可能她的作业会被拖得更久，睡眠也不一定好。她感兴趣的东西都没有了，你不尊重她的意愿，她也不一定按家长的意愿去做事，这样对抗下来没什么好处。

一方面要做孩子的好队友、支持者，另一方面跟孩子一起商量怎么提高做作业的效率。看看是做一些时间控制，做一些任务管理，还是请求别人的援助，比如请家教陪她做作业，或是爸爸妈妈帮她定时间，一起商量个做作业计划。从易到难，把大的任务分成几块小的任务进程、小目标，然后定时来完成。怎么管理自己的桌面，怎么管理自己的房间，怎么管理自己的注意力，我觉得这都是家长可以跟孩子一起商量的。遇到事情都跟孩子商量，孩子才是做事情的主体，而且是完成任务的真正的执行者。她要为这件事情负责，要让她有责任感，也要尊重她自己的意愿。

# 3

## 孩子写作业拖拉，怎么办？

问：儿子 8 岁，小学三年级，做作业的时候特别拖拉，一会儿吃东西，一会儿上厕所，作业要做一两个小时，导致睡眠不足。现在没办法，就得父母陪着才能做作业。作业量大，孩子也拖拉，有什么具体可行的方法，可以让孩子养成做作业不拖拉的习惯？

答：有的时候是父母盯得越厉害，孩子越拖拉；父母包办得越多，孩子越拖拉。孩子知道大人是有软肋的，软肋就是你总不能让我一宿不睡觉吧？那么总有一个最后完成期限。孩子写作业拖拉，我们看不惯，实际上你要知道，这是孩子对付作业和家长的一套模式。要打破这个模式，最好先把孩子的作业分类，一个大的作业要拆分成很多小的作业，比如拆分成 10 分钟或者 20 分钟就能完成的一个作业，拆成很多这样的模块。

你想吃东西、上厕所可以，我们把作业拆分成很多小小的模块以后，你完成一个模块或者几个模块，想吃东西就吃东西，想上厕所就上厕所，跟课间休息一样。你完成多少作业，中间就可以休息多长时间，可以去处理自己的事情。确实孩子原本也不应该一直在那儿做作业，一做就做几小时。

有时，孩子一看到今天又这么多作业，就没信心了，不知道要搞到几点，完不成怎么办？还不如先玩一会儿，先吃点东西，先上个厕所，然后再做。所以不要让人量的作业吓着孩子。其实绝大多数作业做不做影响真的没那么大。不要认为孩子拖拉，这是孩子的一种应对策略。

针对这样的孩子，我们该怎么办？我觉得还是陪伴。

不是在那儿盯着孩子，说你不要走神儿，要认真点。不是这样的。我们说的陪伴，首先要看你能不能帮上什么忙。孩子作业量那么大，完成的过程很艰难，甚至影响了孩子的睡眠、心情和健康。家长能不能帮上忙的标准就是能不能减少孩子做作业的时间。有时候，没有爸爸妈妈在旁边，孩子一小时就可以完成作业；有了爸爸妈妈的监督、检查、催促，孩子完成作业的时间延长到了三小时，这就是在帮倒忙。如果你在旁边，孩子半小时就完成了，那说明你帮上忙了。小学一、二年级是孩子学习习惯养成的关键期，家长可以陪跑，不能包办。从三年级开始，家长就可以从盯作业这件事上逐渐退出了。我建议家长要渐渐放手，把完成作业当成孩子自己的事。这是他的事，不是你的事，所以要完成的是他，不是你。二年级时就应该把作业责任区分清楚，让孩子成为作业的主体。

孩子到小学三年级之后，千万不要再盯着孩子写作业了。父母可以人在现场，但是各干各的事儿。最好的陪伴就是我跟你在一起做着同类事情，但是你做你的，我做我的；我为我做的事情负责，你为你做的事情负责。自主学习就是孩子自己确定学习步调，监控优化自己的学习过程，也承担学习的后果，为自己提供奖励和惩罚。作业力是孩子最重要的成长力，家长要着重培养孩子独立完成作业的能力。

# 4

## 孩子没有学习目标，怎么办？

问：孩子今年 13 岁，上七年级，学习一直都没有目标。老师总说，孩子学习能力很强，就是没有目标，因此成绩一直处于下游。我也一直在引导和鼓励，但是没什么用。所以想问一下，我们怎样才能引导孩子树立目标呢？

答：树立人生的目标也好，学习的目标也好，都是生命当中很重要的课题。孩子已经 13 岁了，确实可以跟他聊一聊人生规划和职业规划的问题了。目标主要来自两方面，一方面是内在的动力，另一方面是外在的诱因。我们要有一个终极的指向，孩子长大了想干什么？理想是什么？想实现什么？可以做得很宏大，很高远。也要特别落地，也就是说我们现在有什么爱好、兴趣、特长、愿望，能跟宏大的理想建立起连接，找到一个在当下能够去努力、去实现、能看到结果的小目标。只有把人生的理想和当下的小目标连接起来，这个目标才有现实的指导意义。我建议大人跟孩子在一起聊聊这件事儿，聊聊人生。父母也可以讲讲自己成长过程中的一些故事，小的时候是怎么思考的，怎么想问题的，怎么确定目标的，在生命的不同阶段目标是如何转换的，自己如何通过努力去实现目标的。爸爸妈妈也可以讲讲爷爷奶奶的人生故事。

13 岁的孩子也不小了，对未来也有很多思考，也能感受到身边同伴的榜样力量。我建议把当下的兴趣爱好和对未来的憧憬、向往连接在一起。把大的目标拉近、拆分、具体化。一个宏大的理想由哪些要素组成？在不同的年龄阶段，分别应该怎样去实现？在实现阶段性目标的过程中，怎么跟我们当前的人生任务连接在一起？这样既有目标，也不遥远，有人生终极目标，有中期目标，有短期目标，也有拆分以后具体的小目标。

一定要记住，我们跟孩子一起确定目标的时候，还是应该以他为主。你希望他怎么样，成为谁，将来实现怎么样的人生理想，那是你的想法，不是他的想法。真正的目标得是孩子自己的目标，而不是大人强加给他的目标。

还要记住，千万不要孩子说出一个目标，你说那实现不了，要不太离谱，要不太小，要不那根本就不是什么有价值的目标。这样搞来搞去，孩子可能就真的没目标了。所以我一直在推测这个孩子没有目标的原因，我觉得可能是当下他缺少一个值得投入、能够获得成就感、特别感兴趣的特长。另外一个原因可能是他平时被父母包办、代替太多了，自己的目标无法得到认可。父母要多支持，不要否定，不要打击，也不要用自己的目标来替代孩子的目标，这样才能指引孩子前行。

· 第三课 ·

如何帮助孩子成为
学习高手

学习和考试这些事儿，按理说是孩子的事，但是现在家长普遍要强势介入。我建议家长最好不要起反作用，不能帮忙就交给他自己干，要相信孩子能干好。要不你就不管，你真的要帮孩子的话，就把这些事好好研究研究。我特别不喜欢家长和老师干涉孩子学习，把最低效、最无能的学习模式教给孩子——高强度的重复性训练，也就是大量刷题，没有比这种更笨的学习模式了，但现在到处都在传播这种模式。

# 1

## 世界上最成功的三种学习模式

我研究了一下世界上最成功的学习模式，认为目前最成功的学习模式有三种。

第一种是母语学习。孩子一岁多开始说话，到三四岁就能熟练完成日常生活中口头表达和交流的任务。所以我觉得母语学习是非常成功的学习模式。我们学外语学了十几年，都达不到母语的水平，为什么？是学习能力不行吗？汉语被称为世界上最难学的语言，我们孩子几年内就把汉语掌握得很好，他怎么会没有学习能力呢？

英语学不好，是学习模式不对，我们没有按照语言的学习规律来学。上了小学我们是怎么学汉语的？先认字，然后组词、造句，分析篇章段落、中心思想，你看谁从一岁多开始这么教孩子语言的？我们孩子学语言，一开始就进入一个语言情境。孩子一句话不会说的时候，父母就开始跟孩子聊天：宝宝你笑得多可爱，你长大以后要孝敬妈妈，妈妈对你多好啊。孩子从一开始冒话的时候就在语言情境当中了。为什么全世界"妈妈"的发音都一样？孩子一张嘴就是这个音"妈"，妈妈就开心得不得了：会说话了，再说一遍，说得很好。发音准吗？不准，但是我们鼓励。你见过发音不准，上来一个大嘴巴子，让孩子重发的吗？要

71

是这样，孩子这辈子都不会说话了。

孩子的语言学习是先进入语言情境，先有上下文、篇章，有段落、句子，再不断地精细化——短语、字词，最后到笔画。而学英语却是一上来先学字母、音标、单词、短语……元素主义的学习方法，就是把东西全部拆分了。你学了这些元素之后有什么用？没用，跟现实一点联系都没有，跟真实的表达需求一点联系都没有，跟当时的语言情境一点联系都没有。那我单独学那个单词有任何意义吗？没有。语言不是这么学的。学习是什么？学习的本质是连接。

没有连接就没有学习，最好是跟日常生活连接，跟情感连接。你不连接，单独背一个单词，背 800 遍也不一定有用，也不一定记得住。考试考完了，马上就忘了，因为跟你的人生什么关系都没有了。

第二种成功的学习模式是体育。职业运动员在几年内就能训练到世界顶级水平。很多世界冠军都是十几岁、二十几岁就到达人生巅峰。运动员是怎么训练、怎么成长的？他们是靠大运动量刻苦训练吗？很多人以为是这样的，其实不是。我看了大连少年足球学校的采访视频以后特别伤心。一个农村家庭为了让孩子学足球，让妈妈陪读，因为孩子只有 7 岁。妈妈在大连租了一个房间，除了一张单人床，其他什么都没有，靠每天捡破烂养孩子。孩子虽然小，但是特别懂事，他是全家的希望，每天练球也练得特别刻苦，其他孩子回去休息的时候，他还在那儿一个人练。记者问教练那个孩子怎么样。教练说那个孩子不可能成为足球运动员了。因为他太努力、太刻苦，导致他的腿受伤太多。体育训练是苦的，但最后能出来的，一定要用科学的训练方式，身体的恢复能力也很重要。7 岁，就已经被判了运动生涯的死刑，只是看着他那么刻苦地训练，没人忍心告诉他。一个优秀运动员的成功，首先是热情、决心和毅力，在所有人都放弃时，他能坚持。其次是元认知能力，对自己的心理和身体的觉察和控制能力，可以不费力地去关注多元目标。没有一个运动员是笨人。再次是心理策略，精密的计算、最优的选择、临场的处置，永远快人一步，高人一拍。最后就是自我反馈和自我激励，大训练量背后是精准、及时的反馈系统，既有教练这样的高人指点，又有现代化仪器的监控，还有现代高级营养与康复的保障。如果你们家的孩子有优秀运动员的培养方式、路径和条件，也一样会在其他非运动领域成功。

第三种成功的学习模式是电子游戏。虽然那么多人诟病电子游戏，但是电子游戏成功的模式还真的值得学习。孩子不用经过专门训练，就能学会打游戏，上手特别快，而且天天痴迷投入，不断地闯关升级，不断地提高成绩，乐此不疲。家长说，孩子要像痴迷游戏那样痴迷学习，那该多好。

那我们就要问了，孩子为什么这么痴迷游戏？

游戏设计的基本要素特别值得家长和老师学习。第一，它有一个极其诱人的目标。游戏的第一步是世界观设计，即底层的逻辑。世界观之后是基本人设，然后是故事脚本、任务区分，最后是 2D、3D 建模。而学校的课程设计只是一个知识结构的设计，这是专业工作者的思维模式。真正基于用户的设计应该向游戏学习，为学生构建学习场景、角色、愿景。这样才能和学生、和世界建立起有意义的连接，这才符合知识搭建的连接属性。

第二是强化，而且强化得特别及时。游戏三要素是积分、排行榜和徽章。你只要完成任务，强化马上就到。为什么我女儿暑假写 4 万多字同人文，写作的热情很高、写作的水平提高很快？因为及时反馈。她往网上一发，马上就有人说你哪儿写得好，哪儿写得不好。你知道这作文要是交给老师，老师多长时间才有回馈？而且，一些老师的作文批阅也是有问题的，目标只有考试，而不注重孩子真实情感的表达。我女儿上小学刚开始写作文时，语文老师安排的第一件事就是每人准备三篇范文，确实是学生写的，但是是在老师的指导下不停地改，改到符合考试评价标准为止。然后学生把这三篇作文背下来，考试的时候不管出什么题目，把开头、结尾一换，中间就是这些东西。这样的作文完全是按评分标准准备的，跟表达自己没有任何关系。这是特别让人伤心的一件事。孩子从一上小学，语言表达能力就被彻底抑制了。按照老师的口吻和评分标准写出来的东西，跟学生本人一点关系都没有。以前老师让大家背同一篇范文，但考试容易出现雷同文，所以现在老师让学生一学期准备三篇范文，同一篇文章不停地写、不停地改，这样就不会雷同，然后让学生背下来。考试不管出什么题目，都用这三篇文章来对付。我看女儿在小学写的作文，充满奇思妙想，语言非常鲜活灵动，但是老师批改的时候就全删掉了，因为太鲜活的不安全，要使用符合评分标准的已经证

和孩子做队友

明可以拿高分的语句。

第三，游戏最大的特点是让人有改善的感觉。积分不断地增加，排名不断地提高，闯的关越来越难、越来越多，自我改善的感觉良好。其实你说打游戏有什么好，完全重复性动作，消耗时间，还不停地死掉重来，没有任何实际的收益，没准还要花钱买装备、买皮肤，但是改善的感觉是给玩家最好的奖赏。他能感受到自己在进步。游戏里的积分都是往上加的，做个什么动作都能加分，立竿见影。你见过打得时间越长，反而积分和排名越低，越打越差的情况吗？可是学习就是这样的，越学，反而名次越低，受到的批评、指责越多，表扬、赞赏越少，那他还会愿意玩这个游戏吗？游戏任务由易到难，再不断地升级，设计成跳一跳够得着的水平。所以打游戏时，人其实是很紧张的，不是很放松、很娱乐就能拿到分的。没有付出，得到的就不会珍惜。很多孩子为什么喜欢做难题？因为有成就感。因此难度设计也很重要，上手很容易，但是要有突破的紧张感。紧张之后的放松才是有价值、有意义的。

第四是强大的链接方式。排行榜、轻社交、组团游戏、游戏直播打赏，所有的游戏都有社交功能，以后没有社交功能的游戏基本上不会存在了。社交非常重要，为什么？因为社交是青春期最重要的人生任务之一。如果家长把现实中孩子社交的时间和空间都堵死了，孩子只能转到线上。青少年这个时候受同伴影响特别大，所以，学习和作业的设计也应该考虑到社交功能。我女儿当年做作业时，经常把 iPad 支在旁边，跟同学连着麦，一边聊天一边做作业："做到哪儿了？""第五题到底是怎么回事？我没有看懂，你发一个截图给我。"你看，我们也可以把作业设计成具有这种社交功能的。

# 2

了解我们大脑的工作特点

学习和考试考查最多的就是记忆力。和记忆联系最紧密的大脑部位是什么呢？这个地方叫作海马体。就在我们大脑的边缘系统，在下丘脑，跟纹状体、基底神经节在一起。海马体在情绪脑，而不是在皮质脑。所以，记忆应该是和情绪、情感连接在一起的。而没有跟情感连接在一起的记忆很快就会被神经"修剪"掉。短暂的负性刺激有助于海马体的激活，但持续累积的负性情绪会让海马体变小。也就是说，当学习给我们带来太多的负性情绪时，以记忆力为核心的学习力是会下降的。

我们一出生大脑的神经细胞数量就有 860 亿，不过最重要的不是神经细胞有多少，而是神经细胞在生命的前三年跟其他神经细胞之间建立的神经突触连接。所以我们说学习是连接，是有生理基础的。每一个神经细胞与其他神经细胞有 5000—20000 种连接方式。孩子的每一个神经细胞都随着时间不断建立连接，为应对这个世界做准备。这种连接到 6 岁左右达到顶峰。有一些连接会因为学习不断地加固，孩子上小学时，其实只是不断地加固那些已有的连接。有一个奇怪的现象，11 岁到 24 岁之间，大脑前额叶的神经突触会减少 30%，这个过程就是突触修剪——跟园丁修枝剪叶一样。要保持这些连接，就要保证它的趣味性，趣味性的目的是调动情感参与记忆。

如果把人脑比成电脑的话，人脑最大的特点是硬盘无限大。我们现在还不知道人脑能储存多少东西。理论上来说，一个人从出生到现在经历的所有事情都能被记住，甚至可能包括他在母亲子宫里面时发生的事。但他不一定能说出来，为什么？因为孩子一岁半之后，记忆的编码方式发生了改变。一岁半之前，记忆的信息用感觉特性进行编码，一岁半之后按语言特性进行编码。用新的编码方式去查旧编码存的东西，是查不到的。但不是那个东西没有了，催眠、电刺激都可以让人回忆起他认为完全忘记的东西。

人脑的 CPU 是多核的。过去我们把大脑区分成不同的功能区，这是负责语言表达的，这是负责语言理解的，这是负责听觉的，这是负责视觉的，这是负责思维决策的……但是现在监测人的大脑活动，发现大脑在执行任务的时候，多个区域是同时活跃的。大脑是一台多核运算机，是并行加工的，不是串行加工的，在这方面人脑比电脑要强得多。

大脑最大的问题是内存极小，就是同时只能处理 $7 \pm 2$ 个比特的信息。知道车牌号码有多少位吗？沪 A 后边几位数字？为什么不把全国的车牌号全部统一排个号出来？你走路不小心被车撞了，抬头看那车逃逸了，车牌号码 22 位，累死你也记不住。所以车牌号就是前面一个汉字，一个字母，后边 5 位数字。一次性传递的文字信息最好就两三个字，不要超过 5 个字，大脑还要关注别的东西，记不住你说的那么多东西，超过 7 个就多了，一半人都记不住，9 个就是极致了。如果你说对一个问题有 24 点看法，这一定不是脑子一下子想出来的，因为脑子没有这个功能，要么就是思维混乱，要么就是东拼西凑的。

# 3

　　我硕士读的专业是教育心理学，学习是教育心理学中的核心概念。什么叫学习？学习是除了自然成长和意外事故外导致的思想、言语、行为的变化。也就是说学习不是由自然成长导致的。在自然成长的过程中，有一些原来不会的东西会了，这是成熟的结果，我们不把它看成学习。因为一些意外事故，比如碰到车祸，腿被撞没了，行为改变了，我们也不认为这是学习。除此之外，一个人心理和行为发生的改变，都被视为学习。学习一定是有改变的，要么想法变了，要么心态变了，要么言语变了，要么行为变了。你说我学了很多东西，但是从里到外没什么改变，我们不认为学习发生了。所以，天天刷短视频、打游戏，当下爽，事后该怎样还怎样，这不是学习。还有一些学生是越学越傻的，并不是书读得多了一定会变聪明，死读书和读死书都不是真正意义上的学习。

　　学习的关键是什么？很多人认为学习是靠记忆，背的单词多，记的原理多，记的历史年代多……就是学习好。不是的。学习的关键是连接、同化与顺应。我新学到的东西，不管是知识还是技能，都要纳入我的认知结构当中来，跟我已有的知识经验连接起来，这才叫学习。或者，它突破和改变了我已有的认知结构，这都叫作学习。否则，单一知识点，如果不能跟我的经验、生活、价值观联系在一起，学了也没有用，过一段时间就会遗忘掉。所以，学习就是一种连接。

过去，我们认为人的学习过程是一个知识不断增长的过程，现在不这样认为了。中国有句古话"为学日益，为道日损"，学习有一个从薄到厚、从厚到薄的过程。学习的东西必须变成个人的一部分，才是有意义的。怎么才能变成个人的一部分呢？这就是为什么老师要讲课。老师讲课要做的第一件事，就是把很简单的事讲得很复杂，为了找到更多跟你已有的知识、经验对接的点。这就是从薄到厚，把薄的东西讲厚实了。那么从厚到薄又是什么意思呢？就是说学了那么多东西，真正要掌握的就那么几个点。你在纷繁复杂的知识里把这几个点提炼出来，变成你的知识体系当中的一部分，变成你的信念，变成你认知结构的一种模式，那才是你真正的收获。

孩子的学习和复习也是这样的一个过程。大量做题好不好？还是很好的，大量做题是为了辨识，发现题目之间有什么微小的区别。也是归纳，"读书百遍，其义自见"，在做了这么多题以后，就领悟到了一个基本原理。但是最麻烦的是，就题论题，最后迷失在这个题海里面。你做100道题和10道题，其实都是要解决那一个原理，只要那个原理被解决了，以后不管碰到1000道题、10000道题，都能触类旁通，顺利解决。所以，老师留作业的质量很重要，数量不重要。主帅无能，才会累死三军。

当我们真正理解了题目背后的这个原理之后，就会发现需要掌握的知识是非常简单的。学完之后觉得非常简单，那才是学到位了。否则你越学越无止无休，没有回到知识原点。学习就是找连接，跟你已有的知识体系、经验和情感不断地连接。

学习的真正秘密是自我强化。学习成绩好与不好，不在于谁更努力、更勤奋。家长自己无论是上课还是开会都是个认真的听讲者吗？从心理学角度讲这是不可能的。脑子里会不停地开小差：这个老师讲的内容让我想起一件事。到底几点下课？今天晚上吃什么？领导是不是又对我有意见了？听众对一个点的注意力最多只能保持 20 分钟。老师必须重新组织课堂秩序，把大家的注意力再吸引回来。我挺喜欢讲课，但我特别不喜欢听课，我觉得自己是一个特别不好的听众，要认真听就很累。因为职业病，总把自己当成评课者，想去评价老师——哪里讲得好，哪里讲得不好，这边应该多讲讲，那边应该少讲点。因此我也特别不愿意给两类人讲课。第一类是老师，他不是来听课的，而是来评价你的课讲得怎么样的。第二类是领导干部，不是他们不爱学习，而是他们不给你任何反馈。你也不知道他们是听了还是没听，也不知道自己讲得好还是不好，因为他们都面无表情、不悲不喜。

好学生上课是一边玩一边听课，老师讲到关键的地方就记一下，那些延伸的知识、八卦的故事，是不需要认真听和记的，所以好学生一堂课听下来特别轻松，该学的东西一点都不漏，重要东西全都记得。好学生听课，真正集中注意力听的时间很短，但是他们善于了解哪些是关键知识点和技巧点。学习差的那些学生也不是不认真听讲的，只是老师讲重要东西的时候，他一定在

和孩子做队友

开小差，老师讲不重要的东西时，却听得特别认真。中等的学生就是全程特别认真听课，一堂课下来认为所有东西都是重点，都记、都复习，累得够呛，但这是不对的，你 $7 \pm 2$ 的大脑，怎么可能记得住那么多东西啊？

真正的学习一定是自定步调的。老师面对所有学生，讲的课对某些学生而言可能是不适合的。好学生一定要找到适合自己的学习步骤——这段我早就会了，干吗要花时间？哪些知识点是弱项，要花时间补，我很清楚。学习最重要的是什么？是学习的自我监控能力。很清楚自己哪个强哪个弱，并为此制订学习策略。外语学习是语法强还是阅读强？要提高哪方面？策略是什么？做了哪些努力？如果你一直跟着老师学，那说明你没有自己的学习策略。最近英语有问题，就要强化；数学没有问题，就不需要花太多时间。

自我强化是什么意思？就是自我监控，自我奖惩。不在乎别人怎么评价，做不好的话，自己惩罚自己，自己给自己回馈。考试没考好，知道自己哪里不行，不需要别人说，自己找方法，找资源，刻意改进。这样的人是无敌的。同样是学习，为什么别人学习好，因为他的元认知能力比较强。他知道，一道大题错了，不是这道题他不会，一定是某个知识点上出了问题，他就会去把那个点找到，再改过来。

我一个朋友比较牛，她到学校跟老师说好了，孩子不做任何作业，但是每次考试保证年级前三名。于是她的孩子就不做作业了，回家以后自己把基本例题和基本的知识环节搞搞清楚，偶尔给自己出两道题就完了。做一道题就能解决的问题，干吗做几十道？做了几十道最后还是没有解决这个问题，那有什么意义？她给孩子节约了大量的时间，可以自己阅读、看杂书、玩其他东西。这才是真正在帮孩子。她的孩子在整个小学期间都不做任何作业，但是成绩一直很好。

太迷信作业和考试，这本身就是问题。不是说不停地写作业就是学习，了解了学习的本质，不会因为一道题不会做，一次排名上升、下降就被影响到。考 0 分和 100 分的差距没那么大，该学习还是学习，该成长还是成长。学校教育滞后于社会需求太多了，你看到哪一个公司的 HR 会把你的大学成绩单拿过来作为招聘、定岗、定薪的标准？绝不可能。回顾一下你所在的单位，你的同事中也会有本科、硕士、博士，也会有 985、211、双一流、普通大学和职校出来的，你觉得一个人读书期间成绩单上的分数多两分少两分，是优还是良，跟他们今天的工作能力、工作业绩、职位薪酬有直接的关系吗？

所以，考试分数本身没有那么大的意义。但是我们很多人硬把它弄成一个特别有意义的东西来给自己的孩子贴上各种标签，这就太扯了。学习和考试只是个游戏，我们得知道游戏的规则是什么，怎么才能在游戏中占据优势，而不是埋头在题海里面遨游。每天刷大量的题，是最笨的解决问题的方式。有时，跳出游戏看游戏，可能看得更清楚。

# 4

我数学一直不好，所以女儿数学不好我特别理解。虽然我数学天赋不好，但是我数学成绩不错，因为额外努力了。我发现数学某一个方面有问题的时候，会靠勤奋去弥补，但是永远补不到有天赋的孩子的水平。当然我也不需要补到那个水平，只要不被这个学科抛得太远就行。在我擅长的学科，争取跟别人拉开得更多，这样总体上我就很有优势了。不是因为我比别人聪明，而是因为选择了更有效的策略。

考试如此重要，但是我们发现除了高三老师、初三老师外，其他老师一般不研究考试。家长也不研究，但是老想指手画脚，指导孩子，或者指责孩子。如果研究过考试，你就会发现，除了中考、高考，平时的考试本质上都属于诊断性测验，而诊断性测验没有必要考得太好。好的诊断性测验是什么？就是跟体检一样，能把你学习上的问题诊断出来。测完了以后没有看到你的问题在哪里，无论题目是对还是错，分数是高还是低，这些都没有意义。你如果去做体检，最后医生告诉你得了80分，排名第二十，这有什么用？测验最重要的是对错题的解析，对错题背后的知识点的理解，考多少分是不重要的。这个测验中的题做对了，就意味着将来参加任何考试这个点都会对，那你不需要关注它了。需要关注的只是错的题，这道题错的原因是什么，它背后的知识点是什么，把它们解决了，就是平时测验最大的意义。有一些老师说，孩子应该有一个错题本，是有道理的。但是只知道怎么错、怎么对还不够，还要知道为什么错了。错的题不错了那才是成长。

很多人认为，只要好好学习，学习能力强了，考试就考得好。这个也是不一定的。考试成绩跟学习能力强弱相关，但是不绝对对等。考砸的学生每届都有，超水平发挥的学生也会有。若想在选拔考试当中获得优异的成绩，那应该研究怎么把学习能力变成分数。这个中间可能有几十分的差距，你要知道，十几分在一次升学考试当中可以落下几万人。

考试的时候，会的题目可能拿不到分，不会的题目可能拿分。比如，这道选择题我不会，A、B、C、D随便选一个，最后竟然对了。学习水平和考试成绩相关联，但不是决定考试成绩的必然原因。学习成绩不能衡量学业水平，学业水平也不必然会带来好的成绩，这意味着什么？这意味着你既要提高学习水平，也要提高应试能力。

我是从农村学校出来的。我们的英语老师给我们上课前三个月，A、B、C还不认识。他突击学习了三个月，就来给我们上课了，所以我的英语发音从来就不准。我们高三时换了一个英语老师，这个老师是学俄语出身的，英语是后学的，他英语发音也不准。高三他过来给我们进行了一次摸底考试，考完以后说，就你们这个烂样子，想参加高考？语言的学习又不是一两天能速成的，要想提高你们的学习水平，我根本做不到，但是考试时帮你们提高个 10—20 分还是有可能的。

这老师真的特别厉害，他不是英语科班出身，却对英语考试有研究。他说，你们英语水平也就这样了，我们商量一下在这个水平上，怎么样再提高 10 分到 20 分。只要你们配合我，我是有信心的。他不是基于自己的英语专业和英语水平来教我们的，而是从一个英语的应试者视角来研究考试的。所以一直到现在，只要参加英语考试，我基本上是不看英语的，只看复习材料中的汉语部分，看看这次考试的分数分布、出题风格、混淆答案设计模式、知识点覆盖率，基本上就差不多了，因为我要去解决考试成绩的问题。我没有办法在那几天里提高英语水平，突击一下，目的是提高我的考试成绩。

我不需要知道题是什么，但是需要知道：一是出题人考我什么知识点；二是准备怎样设计混淆答案，诱骗答题者上当。考试就是一场出题人、答卷人、评卷者之间的心理博弈。考试是学生生命当中很重要的事，得研究考试是怎么回事。同理，学习是很重要的事，得研究学习是怎么回事。

以前我们研究高考发现有一个考点是每一年高考都会出的，叫作强调句型。强调句型每年出的变式都不一样，但是不管强调句型怎么出，只要你能看出来这道题在考强调句型，不管题干有哪些单词不认识，不管备选答案有哪些，就直接选择"that"，不用管后面的从句说了什么。你不需要看懂这句话是什么意思，只需要知道它在考什么就行了。这类题很多人是会丢分的，因为他看懂了题干，认识每一个单词，知道句子是什么意思，所以他要看后面的从句是什么，是时间、人物，还是事件。结果，一选就错。因为那些都不重要，强调句型必须填"that"。

明白这些，我们就知道怎么对付考试了。只要你清楚出题人是怎么出题的，是怎么思考的，就能答上。出题人都是特别老谋深算的，他一定设计了陷阱，不会让你轻轻松松就把这道题答对。所以我一般都建议高三或者初三的学生每科给自己出一套题，不看任何东西，只用教材出一套中考题或者高考题。你不出题是没法站在出题人角度思考问题的。你知道出题人是怎么出题的，就知道了复习重点在哪里。

你还要知道 A、B、C、D 四个备选答案是怎么设计出来的。首先要确定标准答案是什么，然后找三个混淆答案，那么这些混淆答案是基于什么来找的？是基于这个标准答案来找的。绝不可能说 A、B、C、D 各不相干。出题人一定是围绕标准答案来设计混淆答案的，他有他的逻辑。你知道他的思路，再去看题目时，看到的东西就不一样了。清楚出题人为什么出这道题，这道题真正想考我什么，想在什么地方骗我，我怎么不上当，是这样一个过程。

和孩子做队友

# 5

家长不应该去延长孩子的学习时间，而应该减少孩子的学习时间。作业不要花那么多时间去完成，每科作业20分钟就足够了，能做完就做完，做不完就停下来。不能高效地做题还不如不做，让孩子干点别的也比在那里耗时间强。

站在学生的角度，要想拥有超强的学习能力，首先，要减少自己的学习时间，增加玩乐时间，释放不良情绪，建立快乐模式。孩子在青春期的时候，情绪脑迅速发育，大量的情绪没处宣泄。这些情绪要通过玩乐来充分释放。同时，孩子在玩乐的过程中，能建立起属于自己的快乐模式，属于自己的幸福体验。

其次，要增加睡眠时间，这有助于短时记忆转化成长时记忆。现在很多学生的睡眠时间严重不足，这会导致大脑中的海马体无法有效地转存信息。人在睡觉时，大脑中的海马体会把白天学习到的内容从短时记忆转化成长时记忆，顺便清理掉大脑里面无用的蛋白质垃圾，这对第二天的学习至关重要。千万不要挤占睡眠时间去学习，这是反规律的，是得不偿失的。

再次，要增加运动时间，增强大脑供血、供氧能力。大脑最重要的营养就是氧气和血液。我们大脑的重量占体重的五十分之一，耗氧量却占身体的三分之一左右，是高耗能大户。如果久坐不动，心脏给大脑供血、供氧的能力就会下降，就会降低学习效率。只有动起来，大脑的供血、供氧才会更加充足，大脑神经连接的建立才会更加紧密，学习效率才会更高。

最后，分段学习，避开记忆的前摄抑制和倒摄抑制效应。在我们记忆知识时，开头和结尾是最容易被记住的，而中间偏后的位置最容易被遗忘。如果进行分段学习，增加知识的头尾，那么记忆效果就很好。而且，对于初中生而言，注意力的保持时间一般在 15—20 分钟，学习一会儿，休息一会儿，效果会更好。

初中生家长要想帮孩子学习，我建议给孩子开三家"银行"。

第一家"银行"是情感银行。在亲子关系的情感银行中，存取比应该是五比一。也就是说，每存五笔，才能取一笔；每表扬五次，才能批评一次。但是，据统计，中国的孩子每受到一次表扬的同时，会遭受六次以上的批评。所以，很多家庭里的情感银行其实早就破产了，父母已经不具备用情感关系影响孩子的能力了。

第二家"银行"是成功银行。在学习这件事上，你的孩子曾经成功过吗？他在成长过程中有过怎样的成功经历？成功的原因是什么？我们说，父母夸奖孩子，不要夸奖孩子聪明，而要夸奖孩子努力。因为聪明跟孩子无关，努力才是他可以复制的模式。我们常常说，失败是成功之母，其实成功才是成功之母。在你们家的成功银行里储存了多少孩子可以复制的成功学习模式呢？

第三家"银行"是时间银行。家长要把掌控时间的主导权还给孩子。他只要把作业做完了，剩下的时间就由自己支配，他想怎么嗨就怎么嗨，想怎么玩就怎么玩。我们只给孩子一个总体的时间，比如说他今天放学了，从放学以后到睡觉之前，这个是他的时间银行，他可以总体支配。他用来做作业的时间越短，可以自由支配的时间就越长。绝对不要在孩子做完作业之后，还追加作业和任务。

# 6

家长要做孩子备考的神助攻

很多家长反映，孩子平时学习成绩挺好，一到考试就不行了，认为孩子学习不够认真。其实不是这样的。心理因素是个大麻烦。有些孩子一上考场，就不由自主地紧张，大脑出现"卡壳"现象，复习过的知识点想不起来，会做的题也不会做了，开始自我怀疑，出现"是不是我没学好""考砸了怎么办"等念头，甚至会全盘否定自己。

孩子头脑里出现这些想法，就会本能地紧张、心跳加速、呼吸加快、情绪激动、无法保持专注力。当孩子的情绪脑被过度激惹，劫持了理性脑，大脑里会发生两件事：一是掌管恐惧情绪的杏仁核被唤醒，让孩子处于高度戒备状态，负责逻辑和理性的大脑前额叶功能就会暂时关闭；二是负责记忆的海马体被抑制，回忆受阻，导致孩子原来会做的题也做不出来了。

父母不能成为威胁、劫持孩子大脑的掠夺者，而应该让孩子从应激态转到微笑态，以胜利者的姿态，面带微笑地迎接考试。

在备考阶段，我在吾脑理论[1]的基础上给考生五条建议。

一是让自己的肠胃舒畅。考前的饮食一定要营养均衡，尽可

---

1　吾脑理论把大脑分为腔肠脑、爬行脑、哺乳脑、皮质脑和镜像脑五个部分，并将这五个部分分别比喻为贫民、武士、公主、国王、国师，对应着人不同层次的需求。

　　　　　　　　　　　　　　和孩子做队友

能杂食，每周摄入的食物种类不要少于 25 种，什么东西都吃一点，让肠胃舒畅起来。不要大鱼大肉、高糖高热量，也不要全素食，可以适当补充一些优质蛋白质、维生素、益生菌。

二是让自己的身体放松。可以练习下呼吸放松法，把呼吸调整得深细绵长、均匀稳定。一旦呼吸频率调整对了，身体放松了，心理上就不会过度紧张。也可以采用心理学上的着陆技术，把重心平均分配到两脚上，用力踏实地面，去感觉与大地的连接，这样就会心里更有底些。也可以闭上眼睛，打开其他感官通道，去闻一闻空气的味道，去摸一摸桌子、凳子，抚摸一下自己的身体，摆出双手叉腰的超人姿势或者双手 45 度上举的高能量姿势，体验内在的积极感觉。

三是给自己积极暗示。在考场上给自己打气，在心里悄悄地对自己说：我这次复习得很充分，我是考场上最棒的，我的笑容最美丽。潜意识大脑是会接受我们的自我暗示的。

四是放空自己的大脑。我们可以把大脑清空，保持专注力。人脑跟电脑比起来，同时进行运算的内存空间极小。为了保持专注力，就需要将大脑清空。所以，在考试前闭目养神，进入发呆、白日梦状态都是好兆头。

五是保持全观的视野。在备考时，不要陷入题海中，越做题越茫然；要学会跳出来，站在出题人角度去思考问题，可以以出题人身份，给每门课都出一套考题，学习体会出题人的心态。还要学会站在阅卷人的角度去思考问题，认真研究一下历年考题的标准答案和评分标准，想想阅卷人是怎样去阅卷、评分、给分的。

同样，我也给考生家长三条建议。

一是不要传递焦虑。面对孩子的考试，有些家长比孩子还紧张、焦虑。但是焦虑反应在家庭里面是会传染的。你焦虑了，孩子更焦虑；你有信心了，孩子也有信心。所以，把自己的情绪调整好，微笑起来，就是对孩子的信任与支持。

二是保持日常节律。重要考试前，不要让孩子早睡或者晚睡，不要改变饮食结构，不要让孩子穿新衣服用新文具，不要放弃身体锻炼和娱乐活动，而是让他该干什么干什么。平常心最不容易唤起爬行脑的无端紧张。

三是不要问怎么样。不要问复习得怎么样，不要问准备得怎么样，不要问考得怎么样。问了也解决不了问题，徒增紧张。陪着孩子聊聊闲天、听听音乐、遛遛弯、打打趣，对孩子说我爱你。良好的亲子关系才是孩子考试最大的安全的底。

答家长问————

高二孩子没有上进心，家长该怎么劝
他努力一点？

问：高二的孩子在学习方面没有上进心，说只想当普通
人。他这样说只是为了目前的相对安逸，等将来真的醒
悟了，再努力也晚了，我们大人到底应该如何对待呢？

答：我想教育这件事，很多时候不是一个方法问题，实际上是一个价值观问题。为什么亲子之间出现对对方的担心和焦虑？因为我们的人生观、价值观不太一样。家长觉得做人应该努力、认真、勤奋，看到孩子只用了七八分力气，就比较担心，觉得为什么不用十分力呢？为什么不用十二分力呢？为什么不把全部身心都放在学习上？功课对付一下，还要去看小说、追动漫、打游戏、听音乐，看着就有点担心和焦虑，觉得孩子不够紧张。大家听没听出来真正的问题在哪儿？真正的问题在于我们的人生观、价值观不一样。

真正讨论起三观的问题，谁也说服不了谁。这个世界是个什么样的世界？人生是个什么样的人生？哪些东西更重要？这些要想论出来谁对谁错很难。那么多哲学、伦理学、社会学流派争论了几千年，也没争出个是非对错来。理想主义很好，享乐主义也不错，苦行僧受人尊敬，犬儒学派也有人大赞。在这点上我

不想说服家长，也不希望家长去说服孩子，因为孩子高二了，实际上正处于人生观、价值观形成的关键时期。

作为一个旁观者，我觉得爸爸妈妈的价值观没错，因为我们自己的人生就是靠不断努力获得的。我讲过一个故事，三个企业家上楼，进了电梯之后，一个企业家做俯卧撑，一个企业家跑步，一个企业家用头撞这个电梯的轿厢。最后电梯升上来了，到了楼顶。你问这三个企业家是如何上来的。做俯卧撑的说我是做俯卧撑上来的，跑步的说我是跑步上来的，撞轿厢的说我是拿头撞轿厢撞上来的。事实上，这三个人是被电梯送上来的。让他们解释原因，他们保证要归结成自己的努力：我一直做俯卧撑，我一直跑步，我一直用头撞轿厢，否则我怎么可能上来？人的成长也是一样，成长的要素有很多，时代本身在飞速进步，会带动所有人成长，你所在的行业、你所在的家庭、你所在的公司、你所生活的地区、你身边的人也都在成长。

我们这一代人倾向于把成功归结为努力的结果，也没错，努力了才能赶上时代发展。但问题是，我们并不知道下一部电梯什么时候到达，不知道下一个时代有什么。下一拨成长的人，可能恰恰是对生活有感悟的人，可能恰恰是不那么拼的人。但他们能为拼的人提供另外一种生活方式、另外一种对生活的理解、另外一种精神产品或者物质产品、另外一种可以带来生活方式改变的服务。

对高二的孩子而言，能花七八分力气在学习上，我觉得已经很不错了。如果用十分力气，或者十二分力气，那他就没有其他生活了。但是我们现在并不知道将来孩子活得好到底取决于什么。学习成绩好了，就能换来幸福的生活吗？很显然不是。自我调节、自我预期降低、自我放松、接受自己不那么完美，看看电影、看看小说、听听歌、写写字……现在很多成功者不正在追求这样的人生吗？

作为一个高二的孩子，有自己的生活、自己的规划，什么事情用多少分力规划得挺好的，这是将来过好日子很重要的品质。能把高中高压力状态的学习生活过得如此悠闲，挺了不起的，他得有多强大的内心，才能把作业、考试、老师、家长对付过去，又能有自己的空间。中国的孩子每天可自由支配的时间已经不到一小时了。如果你的孩子能做到每天拥有一小时以上的自由时间，就超过同龄人了，你不是想让他超过其他人吗？他完全可以在喜欢的赛道上重新开一条路出来，找到成功的机会和生命的增长点。

已经高二了，再过一年多就上大学了。上大学以后，以前积累的所有学习方式、学习成绩可能都失去了对人生的评价功能，一个人的特长爱好可能会变成新的人生目标。所以，多跟孩子聊聊未来，聊聊他对生活的期待，聊聊新的增长点。如果我们不能做到跟孩子同步成长，至少可以尊重他的价值判断和选择。如果说我们能做点什么，那就是为他的人生提供更好的心理和物质支持。

问：如何在鸡血的时代做一个淡定的家长？万一我的孩子从小就输在起跑线上，一直落后于其他孩子，怎么办呢？

答：其实在今天这样一个很鸡血的时代做个淡定的家长不容易。我们需要有一定的定力，有自己的人生目标，有自己的世界观、人生观和价值观，不随波逐流。为什么说家庭教育特别难？因为它归根结底涉及世界观、人生观和价值观的问题。三观的问题其实没法讨论，只要不违法缺德，你不能说你的价值观是对的，我的价值观不对。

孩子都有无限的发展可能，理论上来说不存在输在起跑线上这个问题。为什么？因为当你真的把孩子放在运动场上，会发现你不知道参加的是什么运动项目，爬山、游泳还是跳绳；也不知道起点和终点分别在哪里。人生的起点是出生，终点是死亡，跑那么快干什么？我们应该在运动场上把自己的兴趣、爱好、特长发挥出来。

如果孩子真有起跑线，那就是家长。家长在哪一个阶层，有怎样的视野、格局，有多大的力量，有多少资源，这才是孩子的起跑线。害怕孩子输在起跑线上怎么办？我觉得父母要更努力，给他提供更好的阶层、更优质的人脉资源、更好的赛道。如果怕孩子输在起跑线上，那就给他换一条赛道，甚至专门为孩子开辟一条只属于他的赛道。如果担心孩子的未来，爸爸妈妈就得努力起来，多"鸡"自己，多拼搏。

· 第四课 ·

# 如何管理好孩子
# 的情绪

我遇到过很多父母，在孩子情绪不好的时候，一上来就跟孩子讲道理，但其实这个时候孩子需要的不是道理。

作为父母，我们首先要接纳孩子的情绪，这才是好的亲子关系。

遇到孩子不爱学习，父母往往会批评孩子。其实大部分时候，厌学是孩子的情绪问题导致的，我们要探寻孩子不爱学习背后的情绪原因，而不是就事论事地指责孩子。

一方面孩子的情绪得不到接纳，另一方面父母还把自己的负面情绪发泄到孩子身上，这是特别坏的事。

在未成年人面前肆意宣泄情绪，无异于一种心理上的犯罪行为，会对孩子造成难以弥合的心理伤害。

我发现，大部分家长希望自己的孩子懂事听话，希望看到一个完美的孩子。

可是没有人是完美的，一个表面上特别懂事的孩子，往往戴着厚厚的人格面具。

犯错是人天生的权利，作为父母要允许孩子犯错。

父母要在家庭里留下处理情绪的时间和空间，不要压抑情绪，也不要逃避情绪。

与孩子相处时，父母千万不要把孩子当大人来看，而应该把自己降低为孩子的角色，这样亲子关系才能更加和谐。

# 1

## 情绪没有对错，只有接纳与否

心理学不关心道理，关心的是情绪、情感。情绪背后反映的是什么样的欲求？情绪背后的渴望是什么？他们想要什么？父亲、母亲的情绪是什么？他们对别人的情绪如何回应？他们想要的东西是什么？我们要看到行为背后的力量。心理学认为，情绪永远是优先的，情绪是没有对错的。孩子放学回来说："我恨死老师了。"父母如果说："你怎么能这样说？老师都是为你好。"那结果就是孩子再也不会跟你讨论这个问题了。为什么？因为你只关心道理，没有关心这个人，以及他的情绪体验。愤怒不对吗？委屈不对吗？哀伤不对吗？焦虑不对吗？情绪是人对某一种情景的本能反应，是不受大脑控制而发生的。行为有对有错，但是情绪就如其所是地在那里。

汶川地震的时候，很多心理咨询师志愿者到汶川做心理服务。灾区民众有亲人意外离世，悲恸欲绝，如果这时对他说："不要太伤心，节哀顺变，人死不能复生，往前看，人生路还很长，最重要的是过好你自己的生活。"相信很多人都这样安慰过别人。但是，刚才说的这些话，在心理咨询师这里被称为禁语。心理咨询师是绝对不能这样说话的。当年上海市心理咨询师资格证考试的面试中，如果有考生对来访者说，你不要太伤心了，节哀顺变，考官会认为这个考生没有资格当咨询师。原因是"不要太伤心""不要生气""不要紧张"这些看起来是安慰别人的话，但心理学认为这种说话方式非常野蛮。你凭什么让人家不要太伤心？来访者伤心是对的，如果咨询师碰到这事儿，可能比来访者还伤心。心理咨询师要接纳别人的情感、情绪，这才是同盟关系的开始。如果你连别人的情绪都看不见，怎么能建立起同盟关系？"哭什么，这点小事都不会做还哭？""这么简单的题都不会，还有脸哭？"当你这么说话的时候，你们的关系就被彻底破坏了，因为你根本不接纳他的情绪，也就没有真正地接纳这个人。

心理学总是从情绪入手，认为不管什么情绪都是真的，没有对错。我们要先处理情绪，再处理问题，情绪处理不好，什么问题都解决不了。人在有情绪的时候，什么道理都听不进去。很多人常说"晓之以理，动之以情"，这句话是不对的，应该是"动之以情，晓之以理"，顺序不能颠倒。情绪调整到位了，你讲的道理才是道理；情绪不到位，你讲的道理多好都没用。

情、理、法，中国人一定先讲关系和感情，再讲道理，最后再讲规则。若一上来就讲规则和道理，那置关系于何地？你和对方的情感连接在哪里？在家庭内部，凡事讲道理一定会破坏亲密关系和亲子关系。

# 2

为什么有的孩子爱学习？因为学习有意思，能给孩子带来成就感、快感、征服感，能满足孩子的好奇心。行星为什么这样动？力和能量之间的关系为什么是这样的？这个数学公式为什么这么漂亮？学会了这些知识，大家会觉得我蛮聪明的，爸爸妈妈对我很满意，在同学当中也很有面子。相反，如果学习成了孩子屈辱、不愉快、失落感的来源，孩子还会爱学习吗？今天孩子在学习当中遇到的问题，绝大多数不是学习能力问题。现在孩子的聪明程度远远超出我们的想象，打起游戏来无师自通。不爱学习无外乎以下几个原因。

第一，为别人学。不知道为什么要学习，只是被爸爸妈妈和老师逼着学。学习动机只有一个，就是老爸老妈说以后我要考大学、找工作，就得好好学习。我不学，他们就收拾我。

第二，习得性无助。我努力学了，但是没效果。在心理学的习得性无助实验中，一条狗要是不管怎么做都会被电击，不管怎么努力都无法改变现状，那么这条狗就会彻底躺平、摆烂。其实孩子也是一样啊，如果一直持续努力却没什么效果，那我还努力什么呢？所谓习得性无助就是持续遭受挫折、打击，失败之后放弃努力的一种表现。比如这个字我写错了，老师让我写20遍，写完之后下次考试又错了。写 20 遍有用吗？我虽然努力学习了，但成绩并没有提高。

第三，被动攻击。你让我不开心，我就学习不好给你看。这是一种被动的还击方式。你是我的爸爸妈妈，是我的老师，只有你能不停地批评我、斥责我、惩罚我，我没有其他工具可以攻击你，可是我发现不好好学习可以，只要我学习不好你就不高兴。对孩子来说，不好好学习是一种被动攻击的武器。

一个朋友家的孩子读高三，除了英语，其他学科的成绩都不错。马上就要高考了，家长很焦虑，让我去跟孩子聊一聊。她妈妈说她是偏科，我觉得可能性不大，偏科要么偏文，要么偏理，不可能其他学科成绩都很好，只有一科不好。我问她：英语老师是谁？多大年纪？是什么样的人？你怎么评价他？他有什么口头禅？同学们怎么评价他？……几个问题之后，我就搞清楚了。原来她的英语老师是高三才换的，是一个 50 岁左右的男性，学生做课堂作业的时候他喜欢到处转着看。她的前座坐着一个特别漂亮的女生。这个老师巡视时，特别喜欢看这个女生写作业，有时候还伸手去摸人家的头发、脖子。她坐在后面看见了，就特别气愤。一个孩子怎样表达对老师的愤怒呢？她的表达方式就是：我鄙视你，你讲的课我就不听，你留的作业我就不做。当然结果就是自己的成绩不好。所以成绩不好有时是一种攻击老师的方式，只是老师不知道。其实她也攻击不到老师，最后伤害的还是自己。

学习是特别神奇的一件事儿。我在珠海时遇到过一个小男生，初二时成绩突然大幅度提升，所有人都觉得很诧异。我跟孩子聊天时发现，原来是他们学校新来了一个老师。有一天下课了，学生们在走廊里聊天。这个老师走过来，学生马上站在两边不动了，眼睛瞟着老师。老师经过这个男生时，伸手摸了一下他的头，说："这小子还是挺聪明的。"就这么一句话，从此以后这个男生的成绩就涨上去了。所以，学习并没有那么复杂，有时候就是老师的一句肯定。

第四，低效学习模式。很多人都相信，只要我刻苦努力，学习的时间比别人长，做的题比别人多，我就比别人更厉害。甚至很多家长、老师都这么想。这种观念在 40 年前我当学生的时候是有用的。那时升学率极低，100 个学生中能考上大学的就两三个，绝大多数人都升学无望，所以老师也不怎么留作业，学生基本上都不怎么做作业。你只要多花点时间学习，就可以很厉害。现在大学毛入学率是 60%，大家都在学，都花了很多时间，而且基本上已经达到了可利用时间的极限，再拼时间就是事倍功半了。更可怕的是，我们不只把这种理念推行到学习当中，还带到了以后的人生中去。这个世界上勤劳者很多，在人工智能时代，勤劳已经不是人类社会最优秀的品质了，机器人比你勤劳。相反，懒惰倒有可能是社会发展的动力，懒人有懒招。想一想，椅子是谁发明的？一定是站着都嫌累的人；车辆是谁发明的？一定是不愿意走路的人；遥控器是谁发明的？一定是一个奇懒无比，连起身按一下开关按钮都不愿意的人。从某个角度看，推动社会发展的动力可能来自人类的三个不那么可爱的品质。第一个就是贪婪。有了还想有，多了还要多，不可遏制的欲望，多少都不满足，还想要更多，这个是人类社会发展不竭的动力，是消费市场的底层逻辑。第二个就是懒惰，不付出就想有收获，总想以最小的代价获得最大的收益。第三个是犯错误，在不停地犯错误的过程中，不断探索，不断突破舒适圈，不断迭代成长。几乎所有的政治家、科学家、创业者都是犯错误的高手，犯了错误还能不断进击的人就成了成功者。我们现在却在教育孩子不要有太多欲望、不要犯错误、要勤劳，简直就是南辕北辙了。

我当年在珠海教育局工作时，曾经在海边捡到过一个孩子。那是一个穿着校服在海边徘徊的男生。那天是工作日，学生都应该在学校上课，他怎么会在海边呢？职业敏感促使我上前和他搭讪。我亮明了自己心理咨询师的身份，也告诉他自己在教育局工作，如果他遇到什么困难，我可以帮他解决。聊了一会儿才知道，他是一名高三的学生，其实距离高考还有两个月的时间，来海边是准备跳海自杀的。这个孩子当年是以年级第一名的成绩进入高中，但以他现在的成绩，估计考不上什么像样的大学了，因此连活下去的勇气也没有了。原因来自他的语文老师。高一上语文课时，他纠正过老师讲课时的几个错误。曾经是年级第一名的学生，阅读面很广，少不更事的他觉得自己很牛，要在老师、同学面前显摆一下。但是老师受不了。几次之后，语文老师就开始反击了，抓住各种机会嘲讽、惩罚、孤立他。要知道，中小学老师要想找学生的毛病那是很容易的。突击抽查、批评态度、离间关系、攻击人品长相，总之搞了三年，这个学生不仅成绩大幅下降，甚至人都不想活了。父母不知道孩子遇到了什么，只觉得不能接受曾经年级第一的孩子现在成绩这么差。家长看到的都是成绩，但其实不是成绩的事儿。只是有些事孩子不愿意说，说了家长也解决不了。

如果你们家孩子学习成绩突然下降，可能跟能力不行和努力不够都没关系。孩子学习成绩的第一影响因素是关系。如果孩子的成绩出了问题，我们首先应该想到的就是关系出了问题。要么是亲子关系出了问题，要么是师生关系出了问题，要么是同学之间的关系出了问题。关系是头号原因。

其次是情绪的原因。过度紧张、焦虑，或者过度抑郁，或者充满恐惧，都会影响学习。因为他把大量的时间和精力都消耗在对抗自己的情绪上了，就没有办法把精力放在学习上，但是我们大人看不出来。比如，对自己的身高、体重、长相不满意；比如一拿到卷子就手心出汗、腿抖、大脑一片空白；比如在暗恋一个人，满脑子都是那个人的身影；比如在公交车上遇到了性骚扰；等等。这些事情没有人能帮他解决，但是他每天要花很多时间和精力去考虑这些事，这消耗了他的精力。

最后是动力的原因。他不知道学习的意义是什么。不仅仅是青春期的大孩子，连很小的孩子都开始想这件事了：学习有什么意义？一个四年级的小男孩跟他妈妈说："妈妈，我不想学习了，我觉得学习没有意义。"妈妈吓坏了，问："你怎么会这么想呢？"孩子答："你觉得我做作业有什么意义呀？我做得慢了，你会骂我；我做快了，你也骂我。我做错了，你会骂我；我做全对了，你还是骂我。总之，只要是我学习和做作业，你就会骂我。所以，我不想再学习了。"妈妈说："怎么可能呢？都是做得不好，我才批评你的。你要是做得又快又好，我表扬还来不及，怎么会骂你呢？"孩子叹了一口气，把录音拿出来："那你自己听吧。"原来孩子把妈妈在他做作业时说的话录了音。妈妈一听就傻了。作业做得慢时，妈妈说："都几点了？作业到现在都没做完，人家早都做完了。就你一天磨磨蹭蹭的，心思完全没放在学习上。就你这样的，让你上多好的学校都是白费。"作业很快就做完了，妈妈又说："你看你，本来就可以很快完成的嘛，你平时都干什么了？为什么不能天天都像今天这样？"考试时题做错了，丢分了，妈妈说："你现在就这么粗心大意，会做的题都能写错，将来能干什么事？好事都会被你干砸了。"考试时题都做对了，妈妈说："你要是早听我的话，不是早就能考好了吗？上次考试，你为什么错那么多题？"妈妈听完了录音也很震惊，才发现无论孩子做好做差，自己给孩子的都是负反馈。在学习上，孩子遭受的全都是打击，所以孩子觉得学习这事儿有什么意思啊？做好做坏、做对做错，最后都是一个结果，孩子就没有动力了。

# 3

情绪问题需要平和交流的空间

　　家长一定要知道一个事实，那就是道理有对错，但是情绪没有。老师冤枉我了，我很委屈，你不能说委屈是不对的；这次考试会做的题丢分了，我很生自己的气，你不能说生气是不对的；我的好朋友背叛了我，我感到很伤心，你不能说伤心是不对的。我们先要接纳情绪，再去调节处理情绪。有时候，是大人对孩子的情绪感到很烦，自己也不知道应该如何处理，所以就去压制或者逃避。结果，不只不能帮孩子处理情绪，还切断了自己和孩子在情绪、情感上的连接，让孩子以为，遇到情绪问题是不能找爸爸妈妈的，从而让孩子自己处于情绪的风险之中。

　　比不接纳孩子的情绪更可怕的是肆意地发泄自己的情绪。在今天这个充满不确定性和焦虑感的时代，大人也有疲惫、委屈、恐惧、愤怒和不耐烦的时候。但是一定不要对着孩子随意发泄情绪。因为，肆意发泄情绪所带来的伤害可能比身体上的伤更难愈合，尤其是对比较小的孩子。不要觉得孩子小，不懂事，没反击能力，我们就可以肆意妄为。我们不能以父爱、母爱之名来做这样的事，也不能以老师的身份来做这样的事。不管是爸爸、妈妈，还是老师，都要警醒自己：谁给你的权利，可以在未成年人面前肆意地宣泄自己的情绪？我们在网上看到过很多爸爸、妈妈以及老师训斥孩子的视频，多数都是大人在宣泄自己的情绪，在心理上侵犯未成年人的人格与尊严，这都会对未成年人的心理造成伤害。

有话好好说，在家庭里留下处理情绪的时间和空间。不要压抑，也不要逃避。大人对孩子有情绪，孩子对大人也有情绪，那我们就来处理呗。首先，我们要全然地接纳孩子的情绪。你觉得愤怒、不满对吧？没关系啊，你说对我哪里不满，什么事情让你觉得委屈，什么事情让你觉得不公平，什么事情让你觉得受到了冒犯，你可以尽情地表达出来。不要急于否认、辩解或者回应，就倾听。我们接纳孩子的所有情绪，不管是悲伤、愤怒、暴躁，还是焦虑，我们都接纳，然后跟孩子聊聊他的情绪。

我们可以说，爸爸妈妈用特别粗鲁的语气跟你说话是不对的。你可以表达你的不满，表达你的情绪，可以反馈这些信息。如果孩子的情绪依然很暴躁，我们可以问他：你是不是觉得我什么事情做得不好了？还是我冒犯你了？或者说我侵犯你的空间了？或者我这样做对你不公平了？你是因为什么讨厌我呢？让情绪问题有一个平和交流的空间。

我们要帮他找到合适的表达情绪的方式。该发脾气就发，发完可以道歉。他发火在可控的范围内，不伤害他人，让他先发着，这个时候不能以火攻火，等他不发火了，平静下来之后，再跟他聊聊这件事。

犯错误是人天生的权利。人无完人，当一个完美的人，他自己过得很累，大人看着也不一定开心。这个完美也不一定是真的

和孩子做队友

完美，有时候我们看到特别懂事的孩子，戴着厚厚的人格面具，就觉得这不是孩子。我们也不希望孩子都变成这样。

在说话的态度上，我们要温柔而坚定。如果自己受到不公正的对待或者没有被充分尊重，你也会愤怒啊。你和他聊天的时候也要反思自己，对他的情绪进行安慰的同时，你也在自我安抚。

我们跟孩子相处时，要进入孩子的年龄阶段。尤其是跟年龄偏小的孩子互动的时候，要进入他们的角色和视角当中。你会发现他们的互动、打打闹闹、相互攻击其实都挺好玩的，就把它看成一个好玩的过程就行了。你不能把孩子变成大人角色，而要把自己降成孩子角色。但是对待青春期的孩子就不一样了，千万不能再把他们当孩子了，因为你要做他们的同伴了。所以和青春期的孩子交往要多请教、多了解、多体会，不要摆家长的架子，他们不吃这一套。

# 4

## 对面对情绪问题的三步法

孩子情绪管理能力的提升，是多方面综合改善的结果，作为家长不应只看到孩子的情绪问题，更应看到背后生活方式和行为习惯的影响。

**一是一定要吃好睡好。**一个人，吃得好睡得好，他的情绪状态就很好。大脑中的血清素能让人放松并体验到幸福，但 90% 的血清素来自肠道。因此，肠道不健康，微生物菌群分布不合理，吃东西太偏食，就容易出情绪问题。什么是吃好睡好？吃好就是每周吃够 25 种食材，睡好就是每天睡足 8 小时（小学 10 小时，初中 9 小时）。

**二是要多进行社会交往。**只有在交往中才能学会交往。所以，一定要多给孩子创造社交的时间、空间，提供资金保障，鼓励孩子多交朋友，多参加集体活动，在交往中观察，在交往中实践。孩子的知心朋友多了，就会采用多视角来看待自己，用多视角来处理交往中遇到的问题。这就为孩子打开了多元世界的大门，不会再为一人一事烦恼。怎样才算有着理想的社交呢？就是在现实世界里至少要有三个以上的好朋友。

**三是要写心情日记。**曾子说："吾日三省吾身。"建议在孩子睡觉前让他写一下自己今天的心情，或者随便画一张图代表自己的心情，哪怕只用一个词来表示也行。因为当孩子用语言符号来记录自己的情绪时，就是在用理性脑来影响情绪脑了。孩子对情绪描述得越精准，对自己情绪的解析就越好，情绪管理能力就越强。

对家长，我建议：

**一是听孩子把话说完。**"闭嘴""知道了""我早就说过""快去写作业"，这都是青春期孩子父母的禁语。青春期孩子父母最大的问题就是自以为是，以为孩子什么都不懂。孩子刚说几句，家长就接过来，一通教育，讲一通大道理，讲得孩子不想再跟你说一句话了。家长听孩子说什么时，要做到闭嘴、多听，然后问"后来呢""确实是""你怎么想""我觉得不错""你可以去试一试"。听孩子说话15分钟，不评价、不建议、不发表自己的看法。

**二是心情不好时远离孩子。**青春期的孩子荷尔蒙爆棚，就是一个见火就着的火药桶。如果家长的情商本来就很低，识别控制自己情绪的能力很差，那你跟孩子互动得越多，孩子的情商不就越低吗？所以，大人要先把自己的情绪调整好，给孩子做个好榜样。不管工作中遇到了怎样不开心的事，不管家人的言行多么让你看不惯，不管孩子的哪个行为激怒你，你都能对自己笑一笑，唱歌、听曲、健身、美容，转过身来笑得跟花儿一样。

**三是遇事多向孩子请教。**青春期的孩子就是大人了，是家庭中的重要成员。你遇到困惑时，可以多向孩子请教。电子产品不会用，问孩子；哪件衣服更好看，问孩子；同事关系很微妙，问孩子；有个新闻有争议，问孩子。学会向孩子求助，这就是活生生的情商教育案例呀。亲子之间进行案例分析，商量解决方案，这不就是情商教育的案例教学吗？改善了亲子关系，提高了双方的情商，何乐而不为呢？

和孩子做队友

# 5

## 不要把爱打游戏的孩子当敌人

作为一名学生，在学习生活中引入游戏模式，也许是一件有趣的事，游戏中的反馈互动机制，会让学习变得更轻松。

**一是让你的学习看得见。**玩过游戏的人都知道，游戏里有一个记录经验值的进度条。你获得了经验，进度条就会有变化。我们可以用这种进度条来随时记录自己的学习进展。比如，你评估一下自己目前在每门课中的等级，以及你希望达到的等级，然后画一张图放在自己的书桌前，一抬头就能看得见。这样就能每天看见自己的进展，让自己更有前进的动力。

**二是给自己的学习提供即时的反馈。**学习最重要的是反馈。没有反馈的学习就像闭着眼睛在罚篮区投篮，投得再多也提高不了命中率。初中生不要等老师和考试带来的反馈，那太迟了，就像你今天投完了篮，明天才有人告诉你投没投中。一定要建立自己的作业和学习的反馈系统。做好了，要给自己奖励，无论多少，都要给自己奖励。只有拥有自我奖惩的人生，才是无敌的人生。

**三是找到自己的学习伙伴。**青春期是社交需求的高峰期，要让学习成为伙伴们共同面对的活动。因为最了不起的奖赏，就是来自自己在乎的人的支持与看见。你可以开着视频和小伙伴一起做作业，也可以在做作业的时候和小伙伴聊聊天，遇到难题大家商量一下，做对了题相互鼓励一下。把做作业当成是联网游戏，会让学习的过程变得不一样，结果也会好很多。

站在家长的角度，我的建议是：

**一是和孩子一起玩他正在玩的游戏**。不要把游戏当敌人，也不要把孩子当敌人。当你和孩子、和游戏都成为好朋友时，你们会相互了解，会更加知道如何处理打游戏和学习之间的关系。在这个时代，游戏已经成为一种生活方式、一种娱乐方式。那么，就接受它的到来，让它成为与学习共生的一种存在，甚至是相互支撑的一种存在。其实，学习好的学生，打游戏也不差的。我们只需要让爱打游戏的孩子把游戏纳入学习中。

**二是让学习过程和快乐有更紧密的连接**。要看见孩子在学习中擅长的领域，要理解孩子为了学习所付出的努力，要知道孩子和过去的自己比已经取得了很大的进步，要对孩子非常微小的进步给予关注和奖赏。在孩子做作业的时候可以提醒其定时休息，也可以和他聊一聊开心的事，也可以为他遇到的困难提供力所能及的帮助，要让孩子觉得你是他学习上的好队友，而不是给他带来压力、痛苦和烦恼的那个人。

**三是支持孩子增强游戏的生产性**。打游戏对很多人而言是在消耗时间、金钱和精力。但是也有很多游戏玩家把打游戏变成了生产性活动。比如，做游戏直播，写游戏攻略，组织游戏社群，画同人画，写同人文，研究游戏产业，做游戏周边产品，甚至攻读电竞专业，或者成为专业的电竞选手。总之，打游戏也是有段位的，也是一个巨大的产业链条，如果能够在打游戏的过程中看见自己的优势或者未来努力的方向，那也是一条不错的出路。

# 6

## 学会和青春期的孩子好好相处

我们看看家长有哪些言行会惹怒孩子。

一是唠叨。本来孩子已经决定要做的事，家长非得去叮嘱一下。在孩子看来，这就是对自己不信任、不尊重、不放心。既然你想要做，那你来做好了，我不做了。所以，本来孩子愿意做的事，家长一说，孩子就不干了。

二是指责。孩子什么事情做得不好，家长可以表达不满，也可以批评教育，但是不能指责。指责和批评最大的不同就是，批评是说你这件事情做得不好，而指责是说你这个人不好。家长可以说孩子"你做作业的效率太低了，错误率太高了"，但是不能说"你就是不用心，你总是磨磨蹭蹭，你一点也不让我省心"。

三是不尊重孩子的隐私。不经同意就进入孩子的房间，偷窥孩子的日记，乱动孩子的东西，干涉孩子的正常社交，翻看孩子的上网记录，对青春期的孩子而言，这些都是非常严重的人格侵犯。

四是冷嘲热讽。很多家长看不到孩子的点滴进步，瞧不起孩子的兴趣爱好，看不惯孩子的同学朋友，搞不懂孩子在虚拟空间做什么，就一概冷嘲热讽，挖苦打击，伤人伤己。

五是随意评论孩子的朋友。在青春期，孩子的同学、朋友关

和孩子做队友

系是优先于亲子关系和师生关系的。家长必须看到这一点，为孩子的社交关系留下时间和空间。批评孩子的朋友，不一定会影响他们的朋友关系，却一定会影响亲子关系。

六是不允许孩子说话。很多孩子反映，在跟家长说话时，经常会被打断，家长不允许他说话，不允许他发表意见。你不听他说，他也不会听你说了。

七是打断孩子正在做的事。最典型的就是很多家长说，今天作业做好了，可以玩半小时的游戏，孩子去玩游戏了，家长就在那儿掐表看，一看半小时到了，马上把手机拿过来，不管孩子这局游戏打完没打完。孩子的心里一定特别不适。

八是强迫孩子服从自己。在没与孩子达成共识时，就强迫孩子服从自己，动不动就用"我是你爸妈"来进行压迫。父母又不总是对的。

九是威胁孩子。说如果你不听话，我就跟你断绝关系，就不要你了，以后就不给你零花钱了，就不让你在家住了，等等。说一些气话、狠话，伤人伤心，把家变得没有安全感了。

十是欺骗孩子，不诚实。前面答应孩子的事情，到时候就变卦，不遵守承诺。你骗孩子，孩子就会骗你。

十一是殴打孩子。打孩子，要么是理屈词穷、恼羞成怒，道理讲不过，行为管不了，才动手；要么就是自己控制不了情绪，一股邪火上头就打骂，事后又后悔。家长情绪不稳定的时候，就别去教育孩子了。

十二是没收手机、切断 Wi-Fi。现在的孩子一出生就生活在虚拟的二次元空间，对他们来说，这个空间与现实世界同等重要。很多家长动不动就要没收手机、关 Wi-Fi，这就相当于切断氧气、打断腿，扼杀了孩子在另外一个空间的生命。

十三是当众羞辱。从心理学角度讲，这是导致生命能量值迅速下降的最大的伤害。非常危险。千万别这么做。

那么，家长如何跟孩子的情绪脑好好相处呢？我建议：

第一，让渡权力。随着孩子不断长大，父母要学会让渡权力，得体退出。要承认孩子的长大，把孩子当成一个来我们家的客人来尊重。承认他和我们是不一样的。孩子可以有与我们不同的对世界的看法、不同的情绪表达方式和不同的行为模式。如果你听不惯孩子喜欢听的歌，看不惯孩子打扮自己的方式，不知道他们说的某个梗是什么意思，那只能说明你老了，因为孩子是跟着时代往前走的。要允许孩子长成我们不习惯的样子。

第二，保证安全。永远要为孩子提供安全感。青春期的孩子，内心充满纠结，不断自我质疑，在情绪脑与理性脑的冲突中建构着特别脆弱的自我。家长要维护孩子的自尊，不要摧毁孩子脆弱的自我，在心理上为孩子提供安全的港湾。

第三，主动修复。跟孩子发生冲突，要率先进行反思。发生冲突之后，先冷静地想一想冲突为什么会发生，然后主动敲门，找孩子聊一聊，主动认错，说说自己不对的地方。其实，孩子比家长大度多了，只要家长真心道歉，孩子是一定会原谅的。双方再心平气和地把刚才的事复盘一遍，让彼此的想法被看见。

　　　　　　　　　　　　　　　　和孩子做队友

# 7

这些年，孩子都听父母说过哪些令人扎心的话呢？

第一句："我这都是为了你好。"这是一句特别嚣张的话，好像只要说了这句话，就可以为所欲为，就可以凡事免责，就可以伤害、侮辱另一个独立的生命和灵魂。

第二句："你看看，人家的孩子多好。"这是对孩子最全面的否定，就是你不够好，我不认可你。而很多孩子努力的目的就是得到爸爸妈妈的认可。这句话让孩子绝望。

第三句："你为什么不能做得更好一些？"只前进3名，为什么不前进10名？考了第二名，为什么不考第一名？考了90分，为什么不考100分？极其贪婪，层层加码，永不知足，看不到孩子的进步，看不到孩子的成长，让孩子觉得特别受伤。

第四句："活该，我早就跟你说过。"幸灾乐祸，落井下石，遇事先甩锅，证明自己对。说这个话的时候，一定是孩子遭受了挫折，犯了错误，受到了惩罚，这时很希望爸爸妈妈能抱抱自己，安慰说："孩子没事，我们还可以重新来过。"结果爸爸妈妈这个时候却开始甩锅，开始扔石头。这太伤人了。

第五句："你怎么这么笨？连这都做不好！你干啥都不行，要你有啥用？这样下去，你将来等着捡破烂吧。以后也没打算指望你。"这些话不仅是对孩子当下的否定，更是对孩子未来的否定。

第六句："闭嘴，你懂什么？滚一边去！"直接剥夺了孩子对话的资格和权利。你说这样的话，这亲子关系以后还怎么处？

第七句："你天天搞这些有什么用？你又不是这块料。"这个叫作贴标签。我们把一个负性的标签贴到孩子头上，把孩子的热情、天赋、能力、对未来的期盼全部给打没了。你知道吗？有许多孩子长大以后回忆起这句话来，内心依然痛苦无比，就觉得，如果当年爸爸妈妈稍微支持我一下，可能就不是今天的样子。

第八句："再考不好，就别回家了，爱去哪里去哪里吧。"这是彻底拒绝孩子，让孩子认为，我只有表现得足够好，才配得上这个家给我的爱；如果表现不好，这个家就会抛弃我。如果家庭都这样，世界上还有哪里是安全的？这是在彻底摧毁孩子的安全感。

第九句："要不是因为你，我也不会活得这么辛苦。一点都不知道心疼父母。我容易吗？真后悔生了你，你怎么不去死？"这是通过卖惨的方式来唤起孩子的内疚感。孩子会觉得肯定是自己做得不对，所有事情都是自己的错。我们很多孩子是带着父母的诅咒走向他的人生的，即使到了四五十岁，依然觉得自己做得不够好。

家长应该怎么跟孩子说话呢？我建议：

一是多说看见的话。比如："这次考试你的英语阅读理解成绩提高很快嘛，你是怎么做到的？"你知道这一句话里包含了多少内容？第一我真的在乎你的成绩，我不只看到那个分，还看到了你的英语学科，还看到了你的阅读理解，这是真的关心。第二我看到了你阅读理解的成绩在提高，想让你告诉我你是如何做到的——你如何付出辛苦取得了这么好的一个结果。不是那个分数，也不是那个名次，是孩子在哪里成长了，你看到了。

二是多说认可的话。比如："你已经做得足够好了，我们为你感到骄傲。"我们真的很爱你，你真的很棒，你已经很努力了。认可孩子的付出。

三是多说没用的话。亲子之间不要一上来就问成绩，就说作业，就讲考试，而是多说说废话，聊聊天，讲讲八卦。闲聊的时候，我们的关系才能变近。这个世界，大家都这么忙，不是真爱，谁有工夫跟你说废话！所以能说多长时间废话，是衡量亲子关系好坏的试金石。

# 8

**要多和孩子去做快乐的互动**

人一旦开始笑，就可以驱散其他情绪，无论是恐惧、哀伤、愤怒还是攻击，都可以通过微笑消解。

在现实生活中，有许多方式可以给孩子带来欢乐，让日常变得丰富多彩。作为家长，应该多多鼓励孩子进行这些活动。

一是多玩游戏。游戏是孩子成长过程中非常重要的前行路径。其实不光是人类，所有哺乳动物在幼年时，都是从游戏当中习得生存技能的。因此，无论是电子游戏，还是现实游戏，在游戏的时间不挤占学习时间的前提下，我们都应该鼓励孩子去玩，尤其是与同伴一起玩的多人游戏。它是孩子建立社会关系的一种方式，也是调整自我心情的一种方式，还是学习技能的一种方式。你要知道每一代孩子其实都是玩游戏的，想一想以前的自己，在童年游戏中也获得了很多乐趣，获得了很多朋友，也学会了很多规则。

二是丰富阅读。学生一定要有充足的阅读时间，但这里的阅读并不是指学背课文，而是让孩子通过阅读一些优秀的作品，与一些伟大的灵魂相遇；让孩子在阅读过程中，体验他人的人生，了解他人的思维，与他人的智慧相连接。

三是亲近艺术。不管是唱歌、跳舞、弹琴、画画，还是玩

　　　　　　　　　　　　　　　　和孩子做队友

泥巴、玩乐高、玩手办、玩语C，总之要让孩子从事一些艺术活动。因为艺术跟学校其他的学习与考试不同，是一个创造性的活动，并且很难用单一的标准去评价与衡量。值得注意的是，让孩子学习艺术，不是让孩子去考级拿证书，而是让他去展现自己的生命力。学插花、学品茶、听歌剧、玩COS，都是可以的。因为艺术本来就是多种多样的，它不但可以让心情变得更好，还给孩子留下了非常广阔的创造空间。让孩子觉得，生命其实是多种多样的，并不是只有单一出路和单一评价体系；他在艺术空间里，是可以充分展现个性和特长的。

四是掌握技能。这里的技能指的是孩子能动手，能做出作品，并且能将作品展示出来给别人看的能力。实际上，每个孩子都应该有属于自己的技能，不管是为了生存，还是为了在同伴中间获得尊敬，其实都需要掌握一些基本的技能，比如做菜、做手工、变魔术、会编程、能配音等。总之，得学会一些超过别人的技能。

五是饲养宠物。心理学家建议家长允许孩子养宠物。如果有时间，可以养猫、养狗；如果没时间，也可以养蚕宝宝、乌龟、金鱼、仓鼠等。养宠物的目的是让孩子知道怎样去跟另外一个生命相处，怎样去照顾宠物，去承担责任，去跟宠物交往。而且，养宠物也是缓解压力、调节心情的重要方式。

对于家长而言，我建议：

一是要让自己快乐。研究表明，父母幸福会让孩子也获得幸福和成功。每周花一些时间与朋友玩，有自己的兴趣爱好，来一场说走就走的旅行，做让自己快乐的事情。笑声具有传染性，当你开心了，孩子就会开心。脑科学研究发现，笑声会触发大脑区域的镜像神经元，使听的人觉得他们自己也在笑。

二是要让孩子生活得有节律。这里的节律包括吃喝的节律、晒太阳的节律、运动的节律、学习放松的节律和睡觉的节律。青春期的孩子，身体发育正处于关键时期，既要保证营养，又要避免挑食偏食；既要保证一定的饮食总量，又要保证饮食品种的多样性。保证每天晒太阳的时间，建议最好能够达到一个小时；鼓励孩子在校园里多运动。坚持"松弛有度，劳逸结合"的原则，不要让孩子总是处于紧绷状态，而是掌握放松的技术。必须让孩子睡个好觉，这是需要老师、家长和学生一起来努力和高度重视的。

三是鼓励孩子去建立亲密关系。孩子到了青春期，需要与他人建立亲密关系，比如拥有自己的好朋友、好哥们儿、好闺密，甚至包括异性朋友。这种亲密关系，是可以无话不谈、分享秘密、提供情感支持的。在这个过程中，孩子能够学会构建属于自己的社会支持系统。所以，建立亲密关系其实是很重要的事情，只要在一定的范围内，不影响正常生活和学习，就值得鼓励。

四是帮孩子提高学习效率。我们提倡"微笑学习"，这是一种高效的学习法。高效的学习方式就是在最短的时间内完成作业，在最短的时间内完成考试，在最短的时间内完成学习。这个才是我们应该提倡的学习方式。如果比谁拖的时间长，谁学的时间长，就相当于是我们找了一种低效的学习模式去推广，这是不对的。"微笑学习"就是告诉老师、学生和家长，应该尽可能地减少学习的时间，提高学习的效率。

五是让孩子拥有使命、愿景、价值观。在孩子成长的过程中，我们除了让孩子去完成他的学习任务、人际交往任务之外，还要让孩子对生命有更深的认识，珍爱生命。这就需要让孩子拥有使命、愿景、价值观。首先，孩子有自己人生的使命、人生的愿景和独立的价值判断。对孩子而言，他不是学习的机器，也不是父母期望的完成者，他应该有个人的成长使命。其次，要让孩子看到生命的愿景。现在很多家长说，你好好学习，将来考个好大学。考个好大学其实不是最重要的。最重要的是活出精彩人生。家长要为孩子明确那样的愿景。最后，要让孩子形成自己的价值观。比如珍爱生命、热爱环保、跟别人友好相处、愉悦自己、自尊自信、理性平和、亲善友爱。在孩子成长的过程中，我们能言传身教地把这些价值观传递给他，这是教育的使命。

# 1

## 孩子小时候安全感没建立好，如何弥补？

问：3 岁之前是建立依恋关系的关键时期，是一生幸福感的基础，是一生安全感的底色。如果家长错过了，没有照料好孩子，使得孩子缺少安全感，在孩子长大后，家长应该如何弥补呢？

答：生命就像射出的箭，只能往前走，不能往后退。教育孩子这事，挺不容易的，因为没法重新来过，所以也是一个充满遗憾、缺失和内疚的过程。这是教育要面对的基本处境。0 到 3 岁，过了就过了，没法弥补，我们不能从头再来。那么我们就无能为力了吗？当然也不是。每一个阶段都有应该做的事情。0 到 3 岁很重要，那你说 3 到 6 岁重要不重要？6 到 12 岁重要不重要？12 到 18 岁重要不重要？35 到 45 岁重要不重要？60 岁以后重要不重要？其实每个时期都很重要，每个时期的关系都值得去建立、维护和经营。

你要说弥补，就做好当下事，处好眼前人，把我们现在跟对方的互动模式变得更安全、更温情、更可靠、更有积极情绪体验。同时，心理学也并不认为，0 到 3 岁没有被照料好的孩子将来就一定会出问题。我们还要关注孩子的应对策略。你看有些来自创伤家庭的孩子，人生成长的过程力道非常足，最后也非常有成就，过得非常好。有的时候恰恰是因为安全感底色不足，他才有更强劲的动力来成长。

0到3岁没有建立好安全感，对孩子一定会有不良的影响吗？这取决于孩子生成了一种怎样的应对世界的策略。我们要评估这种策略和行为反应模式或者思考问题的思维方式，是合时宜的还是不合时宜的，是否有利于他今天处理跟自己的关系、跟别人的关系，是否给自己的成长带来了困扰。

如果孩子处理问题处理得挺好的，我们就没必要担心。如果孩子明显没有安全感、过度焦虑、人际关系疏离，我们就应该从当下做起，改善亲子关系永远不晚。永远不晚，意味着我们跟过去比，现在还是最早的时机。如果连现在都错过了，那才是真正晚了。哪怕他已经长大成人了，还是要跟他好好处。处好关系，保持良好的情绪状态，这才是我们当下最应该做的事。

# 2

## 女儿嫉妒心强，怎么引导？

问：女儿 10 岁，好胜心比较强，嫉妒心比较重，常常嫉妒比她优秀的同学。她在班里的成绩其实不错，但经常因为有别的同学考得比她好而生气。我们应该怎么引导她？眼下需要做什么对她进行正面引导呢？

答：10 岁的孩子好胜、嫉妒心强也是正常的。好胜心也好，嫉妒心也好，都是人成长的动力，不一定是有问题的。真正有问题的是她处理情绪的方式。她自己学习成绩本来很好，但是有别的同学考得比她好，她就生气。这种生气并不是去攻击别人，而是攻击自己，对自己生气。这属于自我攻击，这种处理情绪的方式可能有问题。

怎么把她的心理能量转移到其他地方去呢？家长跟她谈的时候，她说谁这次又考得比她好，把她气死了。家长就跟她客观地去分析这件事，平时你们的成绩各自都是怎么样的？你们俩关系怎么样？平时他考得不如你，为什么这次考得比你好呢？原因是什么？是不是考试状态不一样？我们把情绪的宣泄变成理性的分析。家长不要说好胜不好、嫉妒不好，你需要跟她分析的是价值观的问题。

你也可以说说自己在成长过程中，经历这样的事情时是怎么做的，我们是怎么看待这件事情的。成人世界其实同样有好胜心、嫉妒心，又是怎么处理的。要看到它积极的一面，然后找到合适的应对策略，别跟自己过不去，也别跟别人过不去。要肯定她希望自己更优秀这种向上的力量，但遇到这样的事情时，怎样调整自己的情绪很重要。不能因为别人做好了，我们就伤害自己，或者让自己的心情不好。别人好了，为什么好？他是怎么做到的？我这次做得不如他，为什么？我怎么才能比他更好？这都是可以讨论的问题。总之就是把情绪问题变成认知问题，然后在认知上做出调整。

如何与孩子建立
亲密的亲子关系

对孩子而言，这个世界上只有一个爸爸、一个妈妈，学习也好，考试也好，成绩也好，排名也好，都没有亲子关系重要。亲子之间，最重要的是关系。

不要伤害亲子关系，没有什么比关系更重要了。我常常说，那道数学题和亲子关系比起来，哪一个更重要？那次考试分数跟亲子关系比，哪一个更重要？他犯的错误和你们的关系比起来，哪一个更重要？老师跑你这儿告状，说你孩子有多不好，你是相信孩子还是相信老师？别人说你孩子不好，会不会破坏你和孩子的关系？如果你们的亲子关系那么容易被破坏，那你还是他的亲爹 / 亲妈吗？

# 1

我们做父母的，虽然没法改变别人对我们孩子的态度，但是在我们营造的空间里，要多给他一些积极的体验，这是父母的责任。

碰到老师来告状，不管是作业没完成，还是考试成绩不好，我们首先要跟自己的孩子站到一起，不要站在孩子的对立面，不要变成那个甩锅者。孩子还在你家里，遇到的所有问题，你都有责任，所以不要把责任推开。孩子考砸了，心情能好吗？他没准在学校里已经被老师批评过了，又被同学嘲笑过了，回家又被家长骂，你说他会怎么想？

我女儿小学四年级期中考试，考完数学以后拿卷子回来。吃完晚饭把我拉到一边，悄悄跟我说："爸，帮我签个字呗。"我说："为什么不找你妈签？"她说成绩有点不好看，不想让妈妈看见。我同意了。于是，她把卷子拿过来，用手捂在分数上，让我签字却不想让我看到分数。我说："你给我看一眼，不管分数多不好看，我保证不说你，你看行吗？"没办法，她拿开手给我看，是59分。要知道，我小学数学成绩从来没有低于95分，她四年级考试就考了59分。小学怎么会有这么低的成绩啊？我稳住情绪，想着可能是这次题目比较难，大家都没考好。就问她：

"你们班成绩最好的同学考多少分啊？"她说："100 分呀，而且好几个同学都考了 100 分。"怎么办？说好不说人家的。我就跟她说："期中考试呢，其实就是老师教了大家半个学期了，想出一套题来了解一下大家对知识的掌握程度，就跟体检一样，做个诊断测验。看看你们还有哪些地方没掌握好的，可以再补一补。你们班有好几个同学考了 100 分，其实对他们而言，就相当于这次白考了，因为他们没查出任何问题，即使真有没学好的地方也没查出来。所以他们是吃亏的，白浪费时间了。而你就不一样了，你查出来 41 分的问题。只要找到这些问题并改正过来，你就是这次考试的最大获益者。等你将来长大了，到公司去工作，你的老板、你的同事不会有任何一个人在乎你四年级的某次数学考试是考了 95 分还是考了 59 分。这又不是中考、高考，不是选拔测验，得多少分其实不重要，重要的是你能不能在这次考试当中找到问题、解决问题。你一次考试找出 41 分的问题，很厉害；你能把 41 分的问题改过来，就更厉害了，这次考试就没白考。"

我们要跟孩子一起去面对问题，始终跟他站在一起。遇到问题没关系，我们一起去想出三种以上的应对策略。这是美国海军陆战队应对问题时的策略训练方法。我在考场上突然紧张焦虑了怎么办？没问题呀，我们有三种在考场上缓解焦虑、放松身体、提高专注力的应对办法，无论是深呼吸、拆钢笔、握拳头，还是自我暗示、点穴按摩、微笑训练，总之都练习过，心里有底。我这次考试考砸了怎么办？我们有三种应对策略：屏蔽、转移、唤醒。为什么是三种？如果只有一种，万一临场失效了怎么办？如果有 30 种应对策略，选择起来都困难，那岂不是跟没有选择一样？遇到问题，就是改善亲子关系、提高应对能力的好机会啊。孩子没问题，还要家长干什么？

在基础教育阶段，真正有意义的考试就两次——中考和高考，其他考试都不是选拔测验，而是诊断测验，都是演习演练。但是你要知道，有多少家庭、多少亲子间，因为一次考试的分数就破坏了关系，伤害了孩子的自信心，伤害了孩子的尊严！记住，没有哪一道题、哪一个分数比亲子关系更重要。所以我绝对不会因为一道数学题、一张英语卷子或一次老师找家长谈话而破坏我和我女儿的关系。患难见真情，共同解决问题会让亲子关系更亲密。

这个世界上没有比亲子关系更重要的关系了，所以我们要把亲子关系保持在一个顺畅的、可沟通的、愉悦的轨道上。如果因为一道数学题破坏了亲子关系，你对孩子的影响力至少在几天之内是丧失了的。孩子到青春期以后，父母的影响力本来就在削弱，你还不断地破坏亲子关系，那你说的话对他就一点意义都没有了。你还靠什么去影响他、关照他？需要父母出面支撑他、指引他的时候，你反而用不上力，这是特别可惜的。

与孩子对抗一定是以父母失败而告终的。孩子的成长比我们快，我们跟不上孩子成长的速度，控制他的能力越来越弱，他的反击能力越来越强。当真的发生激烈冲突时，因为父母不忍心，最后认输的也一定是父母。注定失败的事情就不要去做，不要跟孩子对抗，也不要让孩子花许多的时间和精力在对抗父母上。我们应该是同一战壕的战友，而不是对手。

保持关系，没有关系就没有影响力。有很多父母很焦虑，说孩子现在这样，我们应该怎么办？如果关系不好，其实你什么都做不了。因为你要影响到他，得要和他的关系足够好。尤其是到了青春期以后，你对他的影响力越来越弱了，他随便一个同学，一个网友，一个网络大V说的一句话，都比你说的有用。

孩子大了就是我们倒贴，你要想各种办法和他保持关系。他不愿意理你了，你就找机会讨好他，陪聊、送水果、发钱、买礼物，和他一起出去吃饭。为了和女儿处好关系，我得知道什么是JK，什么是森女系，什么是福瑞控；我得会说nss、语C、连睡；我得去买玲娜贝儿、盲盒手办、Switch。我跟女儿微信聊的东西，她的同学都特别惊诧，说你老爸怎么会说00后的话？说实话，跟孩子沟通挺不容易的，得学很多东西。你得特别关心他的存在状态，否则没有共同话题。你还得知道你发什么东西他会回应，你说什么话他会理你，他最近在乎什么、关心什么。其实，把他当成你的最重要客户去经营关系就好了。你得做用户画像、市场调研，得做维护运营、促活转化。

想要与孩子交朋友，先要通过资格考核

要想处理好亲子关系，我们首先要做好客户调研，这里有七个问题，大家可以先问一下自己。

第一，你觉得孩子在成长过程中，和谁最亲，为什么？

第二，孩子最喜欢和谁一起玩儿，最喜欢玩儿什么，为什么？

第三，孩子最想成为什么样的人，为什么？

第四，孩子在成长过程中的快乐主要来自哪里？

第五，孩子自己觉得最有成就感的是什么？

第六，孩子在同龄伙伴中最引以为豪的地方是什么？

第七，孩子遇到学习及情感上的困难时，会首先向谁求助？

不要觉得你是孩子最亲近的人。一般情况下，现在孩子遇到问题，首先是自己扛，忍着，不和别人说。如果向别人求助的话，首选的也是生活中的好朋友。所以，这也是我一直强调要让孩子多交朋友的原因。关键时候还要靠他们。然后，孩子也可能向网友求助，也可能到网络平台上搜索。总之，孩子把向家人求助排在比较靠后的位置。

如果家长想跟孩子交朋友，却不知道应该怎么做，就去问孩子：我想跟你交朋友，你觉得我应该怎么做？我们俩换一下角色，如果我是你的儿子 / 女儿，你是我的爸爸 / 妈妈，你会怎么做呢？放心，只要你是真诚的，孩子就会教你的。

如何跟孩子交朋友？我个人觉得，以下这五种方法是可以用的。

**第一，看见孩子的世界。** 我之所以要学那么多网络用语，要研究 00 后喜欢穿的衣服、喜欢听的歌曲，就是为了更好地看见女儿的世界。我女儿喜欢动漫，所以我就去关注宫崎骏，他的作品或者新闻我都会尽可能地收集；女儿喜欢听初音未来，她的全套歌碟我都买过；女儿喜欢穿黑色的衣服，我就去关注暗黑系、工装风；女儿又喜欢穿裙子了，我就去了解洛丽塔服饰、襦裙、森女系。我是想让她明白，我在乎她的世界。去年，我送给女儿一套玲娜贝儿的周边，她一看就跳起来了："你怎么会知道这个东西？这个东西现在火得不得了，根本买不到！"我也特别得意，因为我能看见、理解和接纳她的世界。

**第二，说废话做闲事。** 你要想跟孩子一次聊几小时，说的一定全都是废话。只有大家在一起说废话做闲事的时候，我们之间才是亲密关系。要是说的都是正经话，那我们就是客户关系了。大家一起坐下来说废话，张家长李家短，八卦一下，才有和谐的家庭氛围。我女儿从初中到高中，她班级里的事儿我都知道。平时闲聊天就是这些东西，不要一说话就特别正经。本来跟孩子就没几句话，好不容易打一个电话还问"最近学校怎么样、成绩怎么样、你要听话啊"，每一句话都特别正经，也都毫无营养。这些话说不了多长时间，而且谁也不愿意听。

孩子跟你聊天的时候要忍住，别他刚说几句，你就说，我知道了，你应该怎么怎么样。一个00后跟我说，每次跟她爸说话，她刚开头，她爸爸就说，我知道了，我觉得你应该怎么样去做，她就绝望了。本来有很多话想跟爸爸说，但是爸爸一动想要教导女儿的念头，这个沟通就中止了。因为他根本不听啊。所以在亲子对话中，家长能够听下去很不容易，别急着张嘴说话。

第三，谈论别人。两个人一起八卦他人，背后说说别人，这是建立关系最好的方式。现在发现海豚也有语言，甚至每一只海豚都有自己的名字，海豚在一起的时候会聊天，会提到名字。如果三只海豚在一起聊天，过一会儿某只海豚走了，那么另外两只海豚提到刚刚离开的那只海豚名字的概率就大大增加了。你看，背后议论别人就是可以增进彼此的关系。聊别人常常是增进彼此关系的好时机。为什么我女儿班级里每个人的情感纠葛、家庭关系、生存状况我全都知道？就因为聊得多。聊别人是比较安全的了解孩子的方式。聊她的事，她可能很警觉，为什么要聊这件事？是不是有什么目的？说别人就不一样了。你说："我上次看到你们班某位女同学和一个男生走在一起，他们是不是最近在谈恋爱？"她说："是啊，不知道他们是怎么谈的，我们班谈恋爱的人很多……"你在跟她聊的过程中知道了她的态度、价值观以及她的情感状态……她说自己的时候很警觉，说别人的时候就会很放松，说着说着就向你敞开了心扉。关系是聊出来的。

第四，自我暴露。好友之间，你不能只打探人家的隐私，还得说自己，要共享秘密。我在生活中遇到的一些事、一些问题，对这些事情的看法，包括一些烦恼和困扰，都跟女儿倾诉。我处理问题的方式，也征求她的意见。我自己的隐私，也愿意和她分享，包括我自己成长过程中的一些顺境、逆境，以及我的感受。不只分享我的，还分享她爷爷、奶奶及整个家族的。

心理学的研究发现，让一个孩子了解更多的家族故事，这个孩子在遇到挫折和困难的时候，耐挫能力更强，心理弹性更好。家族故事能为个人加持心理能量。它比绘本故事，比灰姑娘和白马王子的故事要有价值得多。但不要讲家族的悲惨故事，比如，我们这个家族当年很了不起，现在没落了；你三舅不是什么好人，赌博把家毁了；你爸现在没有什么成就，悲惨得要命；等等。不要这样，要讲家庭上升的故事和逆袭的故事。最有价值的故事是，我们这个家族当年很不容易，曾经遭受过什么打击，遇到了什么困难，你爷爷、奶奶、爸爸、妈妈遇到这些困难是怎么面对的，最后是怎么战胜困难的。这些故事才能赋予孩子巨大的能量。

第五，共享秘密。我们应该跟孩子有只属于我们两个人的秘密，不管是爸爸还是妈妈。没有共享秘密怎么算是好的亲子关系呢？有过一些秘密的人，说起什么来就会心有灵犀，说到什么事儿眼神一对，会心一笑，别人根本不知道那是怎么回事，这才是默契。我们家里有一些只有我和我女儿知道，但是她妈妈不知道的事情；也有一些她们母女知道，而我不知道的事情，这才是亲子关系中应该有的东西。共同分享一些秘密，关系就变得不一样了。

根据我自己的经验，这五种方法是万用技巧，不管跟多大的孩子都可以用。跟 3 岁的小孩聊天，我们拉钩，我有什么秘密告诉你，你有什么秘密告诉我。以后再到他们家去，关系也明显不一样。

# 3

治愈孩子一生的，是和父母曾经拥有的美好时光

老一辈的中国家庭，孩子的教育来自家族的传承。教育孩子的人有很多，不只有父母，还有爷爷奶奶、叔叔阿姨、哥哥姐姐。现在家庭小型化了，家庭教育遇到了很多麻烦。首先是父母没有时间养育孩子。三口之家有两个人去上班，把孩子扔给祖辈、阿姨或者教育机构，家庭的教育功能就弱化了。在这个急剧变革的时代，也没有谁能告诉我们到底应该怎样当父母，我们只能凭感觉，有时候做得好一点，有时候做得差一点。

其实，家庭教育在有些时候，不在于父母做了什么，而在于父母不做什么。早教、择校、报班、补习、盯作业、送出国，都不一定是正确的选择。能够不恐惧、不焦虑、不控制，父母做好自己，让孩子按照他的天性好好地成长，给他创设一个有利于成长的环境，是我们最应该做的。

人生来各有各的使命，各有各的担当。"爸爸"两个字意味着什么呢？如果把什么责任都推给孩子或者妈妈、老人，那你干吗要做人家的爸爸呢？做爸爸就要为孩子承受一些东西，包括担心、委屈、焦虑、不安全感。但是你承受了就承受了，不要把这些再推回到孩子身上，指责抱怨孩子。这个社会已经把很多压力加在孩子身上了，家长再把压力推还到孩子身上，孩子怎么承受

得了？

　　教育孩子的时候，夫妻之间会有意见不统一的时候，祖辈抚养时也莫衷一是，冲突的教育观给孩子带来的困扰很多。我的理念是"人质理论"，在教育孩子这件事上，"人质"在谁手上就听谁的，这样才能最大可能保证"人质"的安全。孩子小的时候，岳母曾经帮我们带过一段时间孩子，那个时候就全听她的。不管怎么看不惯，我都不说话，她想怎么带就怎么带。如果我觉得应该怎么做，那我就会自己带着孩子出去，以我的方式带她。自己不带孩子，又老是指手画脚，就会让抚养者和孩子感到混乱、不稳定。

　　古今中外，没有确凿的证据证明离婚家庭的孩子会有更多的问题。父母在一起还是离婚，对子女的影响不大。影响最大的是父母之间的关系以及各自与孩子的关系。没离婚，但是夫妻关系不好，一定会影响孩子的心理发展。还有，虽然没离婚，但是一方父母缺位，变成丧偶式育儿或者诈尸式育儿，那对孩子的伤害更大。反之，父母虽然离婚了，但是双方依然是孩子的父母，在教育孩子方面有商有量、共同承担责任，孩子也能成长得很好。

　　不管夫妻之间闹到什么程度，都不能在孩子面前诋毁对方，因为这种诋毁让孩子受伤太严重了。本来都是孩子生命中最亲近的人，你把对方形象毁了，有可能影响到孩子的家庭认同、身份认同、性别认同，这是特别恐怖的。我见过一个离婚的爸爸，在女儿面前不停地诋毁前妻，说她是个荡妇，是个不正经的女人。母亲给女儿寄过来的所有东西，他都当着女儿的面销毁掉。比如说妈妈给女儿寄来一条裙子，他就当着女儿的面把那条裙子用剪刀剪碎。结果这个孩子的性别认同就出现了问题，她怕成为母亲那样的人——实际上她母亲并不是那样的人，但却被她父亲贴上了这样的标签。同时她又觉得自己是妈妈的女儿，身上流淌着妈妈的血，很难避免成为那样的人。越担心什么就会越关注什么，所以等她到了青春期，面对自己身心出现的各种变化时就会特别矛盾，自己的性别角色冲突就会特别多。而且，她不知道如何处理和异性之间的关系，导致跟异性的关系特别混乱。

夫妻双方能在一起就在一起，不能在一起也没关系，依然爱自己的孩子就行了。很多父母说，我们不离婚就是因为有孩子。其实孩子并不需要你们这样，可能等孩子长大的时候问他，孩子说，我三年级的时候就知道你们关系不行了，早应该离了。你说是为了孩子，但是孩子也不领情，因为你并没给孩子带来更好的影响，与其在家里互相伤害，还不如彼此分开。

父母之爱很不一样。心理学上认为，母爱是一种无条件的爱，母亲爱自己的孩子是从怀孕开始的，在孩子尚未出生，不知道是男是女、长什么样时，就已经开始爱他了。妈妈爱孩子并不是因为孩子表现得好，而是因为他是自己的孩子。无条件的母爱是孩子一生安全感的来源。父亲爱孩子是从什么时候开始的呢？一般是从孩子第一次社会性微笑开始的。孩子未出生的时候，爸爸其实对孩子没感觉；等孩子一出生，爸爸看着也跟自己想象的不一样，觉得孩子就像一个陌生的小动物，依然很难爱上他。什么时候父亲开始爱孩子？就是父亲去逗孩子，孩子有回应了，跟

和孩子做队友

他互动了，他觉得孩子很可爱。

大家知道孩子一生下来就会哭，那么孩子什么时候开始笑的？孩子为什么会笑呢？新生儿一般出生后 42 天会出现社会性微笑。孩子笑的最主要目的可能就是取悦父亲。

父爱不是完全无条件的爱，但这种爱对孩子的成长也非常重要。因为它是一个人一生成就感的来源。很多人一生的努力都是为了荣耀自己的父亲，都是为了被父亲看见、赞赏。那是获得成就的很重要的一个动力。只有我表现好，父亲才会爱我，我才配得上父亲给我的爱。

作为父母，在孩子成长的各个阶段都会遇到各种各样的问题，既是孩子第一次当孩子遇到的新问题，也是父母第一次当父母遇到的新问题。遇到问题我们就陪伴孩子一起面对，找到合适的应对方法。在我们陪伴的过程中，他可以不断去试错，因为有我们的保护，他错也错不到哪儿去。在犯错误的过程中，他也能成长，他的本事增加了，到最后我们会发现，可以撤出了。因为经过这么多历练、这么多成功失败、这么多磨难，他已经可以自己去面对这个世界了。这就是家庭教育最应该做的事情。

至于是快乐教育还是磨难教育，我觉得这只是价值观问题，每一种方式都有成功者，也都有失败者。以单一的某一种方式去解决问题，注定是不妥的。所以，不需要迷信模式。重要的是，你陪着孩子度过了一段怎样的时光，而这段时光在你离开之后，又可以照亮他的未来多久。

亲子关系是有期限的。孩子不能陪我们走一生，我们也不能陪孩子走一生，最多就是半生缘。即使在这半生里，我们还有很多相聚和分离。我们和他相聚的时候，要尽可能播种一些幸福的种子，让这些种子深植在他的生命当中。哪怕有一天我们不在了，这些种子依然能开花结果，光芒万丈，照亮他的前程。

斯坦福大学曾经做过一个实验，把一些处于发情期的雄老鼠和雌老鼠关在一起，让它们在一起度过了一段美妙时光。同时，在雄老鼠的头上装一个电极帽，监控雄老鼠大脑内部的变化，看看雄老鼠在和雌老鼠共享美妙时光时，大脑里有哪些神经细胞是兴奋的，并把这些细胞标记下来，然后在每一个兴奋的神经细胞下面植入微小的蓝色电极。接下来让雄老鼠患上抑郁症。怎么让一只快乐的雄老鼠患上抑郁症呢？实验室的标准程序是，把雌老鼠拿走，把雄老鼠关到一个潮湿、寒冷、黑暗、狭窄的空间里，不停地用电流电击它，把它的头浸泡在冰水混合物中，在它快要窒息的时候再解救出来，继续电击它。雄老鼠很蒙，不知道发生了什么，怎么叫、怎么挣扎、怎么反抗都没有用。遭受这种惨无人道的折磨，一段时间后，雄老鼠就开始变抑郁了。

衡量老鼠是否抑郁的标准有两个，一个叫作糖水试验。就是在它的笼子里放两种水，一种糖水、一种白水。心理健康的老鼠喝两种水的概率是 8：2。老鼠更喜欢喝糖水，偶尔也会喝点白水。而抑郁的老鼠喝两种水的比例是 5：5，也就是说对糖水没有偏好了。因为心理崩溃，喝什么都一个味儿了，碰到什么就喝什么了。第二个诊断标准就是把老鼠的尾巴拎起来，正常的老鼠头会往上卷，会挣扎；而抑郁的老鼠大头朝下，一动不动。你爱

　　　　　　　　　　　　　和孩子做队友

怎么拎怎么拎，它已经生无可恋了。

接下来再把老鼠的抑郁症给治好。怎么治呢？先把雄老鼠从恶劣的环境中解救出来，把它放回到温暖安全的环境里，给它充足的食物和玩具；再把雌老鼠放回来。雌老鼠还处于发情期，对雄老鼠很想念，过来就开始闻它、蹭它、挑逗它。有好吃的、好玩的，有佳人陪伴，这样能治好雄老鼠的抑郁症吗？不能。因为抑郁就是对什么都不感兴趣，好吃的、好玩的、雌老鼠都没有用。

那怎么样才能治好呢？还记得那些被植入的蓝色电极吗？给电极通上电，电极发出的微弱蓝光，能刺激周围的神经细胞重新兴奋。让雄老鼠和雌老鼠在一起度过美妙时光的那些大脑神经系统重新兴奋起来。五个昼夜之后，它的抑郁症被彻底治愈。所以，能治愈我们、让我们的心情变好的，不是当下的愉悦，而是曾经拥有的美好时光。

我们不知道孩子将来会遇到什么事儿，但是在他跟我们在一起的时候，我们可以给他留下一些美好时光，播下一些幸福的种子。哪怕有一天我们不在了，在他遇到问题的时候，这些美好时光和幸福种子也会重新被点亮，把他的人生照得更明亮、更美好、更幸福！我们就是那个幸福的播种人！

# 4 和青春期的孩子沟通要有技巧

如何与青春期的孩子沟通，是让许多父母困惑的一件事。面对自我意识飞速发展的孩子，父母也急需改变原有的沟通方式。

一是找到共同点。父母要把青春期的孩子当成陌生人，因为他们变化太大了。那么怎么和陌生人拉近关系呢？就是找到共同点。知道他最近在玩什么、喜欢什么、担心什么、想要什么……你得投其所好，才能拉上关系搭上话。你老是横挑鼻子竖挑眼，横加指责，那关系好不了。

二是一起做事情。亲子关系也是处出来的。处关系的最好方式，就是一起去做点事情。记住，是一起做事情，不是你盯着他做事情。一起去旅行、一起去探险、一起做家务、一起做义工。孩子在作业、考试、交往中遇到困难了，家长不要在旁边冷嘲热讽、幸灾乐祸，而是要施以援手，共同解决，这样才称得上是好队友。

三是共同来吐槽。家长要学会跟孩子分享青春期的苦恼，而不只是帮他查找问题的原因或者提供解决问题的方案。孩子最需要的，是父母在情感上与他同在。如果孩子哭，你就跟着他哭；孩子笑，你就跟着他笑；孩子烦恼，你就进入他的烦恼，跟他一起面对烦恼。

四是分享小秘密。作为父母，敢于暴露自己的小秘密，可以拉近与青春期孩子的距离，更容易跟孩子成为朋友。用自己的秘密去交换别人的秘密。只有彼此分享了秘密，共同保守秘密，你们才是好朋友。

五是为他挡子弹。当孩子受了委屈、遭到欺凌、承受痛苦、遇到困难时，我们有些家长不是帮孩子来扛，而是变本加厉地批评、指责、打骂孩子。这个时候，孩子会怎么想？觉得你就是帮凶，你在落井下石，你背叛了他。为什么叫爸爸妈妈？爸爸妈妈就是要为孩子遮风挡雨的。当孩子的身心受到伤害时，父母要挺身而出，成为孩子真正的靠山。

六是闭嘴听他讲。和青春期的孩子说话要学会闭嘴，有意见也忍住不说，先听孩子把话说完。有解决问题的办法也不要急着抛出来，而要问孩子打算怎么办。总之，慢半拍就对了。跟孩子聊天15分钟，你说话超过7分半，就算不及格。

# 5

## 家长先稳住自己才能助力孩子的成长

在孩子身上出现的行为问题，其实不一定是孩子的问题，真正的根源可能是父母自身或者是父母之间的关系出现了问题。

因此，我建议家长：

第一，永远把亲子关系放在第一位。不管我们在家庭里边处理什么事情，都要记住，最重要的一件事就是要跟孩子保持良好通畅的亲子关系。什么考试成绩、孩子贪玩、不良习惯、被老师找，甚至辍学，所有的这些事跟你们的亲子关系比起来都是小事。只要亲子关系良好通畅，这些事都有办法解决。但是如果亲子关系出现了问题，那么父母就彻底失去了对孩子的影响力，想帮孩子也帮不上了。亲子关系是这世界上唯一一条珍贵和天然的情感纽带，千万别搞断了。

第二，永远先处理情绪后处理事情。青春期就是情绪不稳定的，更年期也是情绪多变的。当更年期遇上青春期，父母和子女都带着情绪去处理问题，那就是一个火星撞地球，最后就变成了一场情绪大战，对解决问题毫无帮助，还无端伤害了亲子关系。所以，不管遇到什么事，都先让子弹飞一会儿，不要反应得那么快，也不要反应得那么激烈。冷处理，热心肠，把人和事分开。先关心人，先关注情绪，先平静下来，等彼此都心情不错的时候，再讨论一下这个问题怎么去解决。亲子之间，搞得孩子有情绪，就是输；搞得自己有情绪，还是输。心安是福。

第三，永远坚持"攘外必先安内"。言传不如身教，想教育孩子，先把自己管好。让孩子考试拿第一，你在单位工作是第一吗？想让孩子好好学习，你在家里读书学习吗？想让孩子心平气和，你能控制住自己的情绪吗？看起来是孩子的问题，实际上都是大人的问题，因此治病要从根上治起，如果只盯着孩子，治标不治本。只要我们把自己的日子过好了，把身边的关系调整好了，你就会发现孩子的情绪也改善了，行为也向上了，成绩也变好了，这个就是家庭三角关系的作用。

# 6

### 发现孩子早恋了，先去祝福他

发现孩子早恋了，怎么办？

一是要接纳孩子的早恋行为。对于孩子的早恋，家长不提倡，但是也别禁止。我们要告诉孩子，不要太早陷入恋情。大一点，才能对爱看得更清楚。不管身边有多少人开始恋爱了，你都不要急，因为，会有更美好的爱情在前面等着你。但是，如果孩子有了自己爱的人，那很好；如果对方也爱他，那更好。爱和被爱应该是生命中值得祝福的事。很高兴有一份美好的爱情发生在孩子身上，要守护它、珍惜它。没必要藏着掖着。不管他是谁，欢迎他到我们家里来，欢迎你们建立正常的恋爱关系。让孩子的恋情暴露在家庭之中，让孩子的恋爱对象和恋爱关系被家长看见。只有孩子不隐藏这件事情，爸爸妈妈才有机会去调整和控制恋情的进展。你尊重孩子，孩子也会尊重你，你说的话孩子才更容易听进去。

二是对于爱情中的烦恼要多参谋。青春期的恋情中会遇到很多问题。比如兴趣爱好不一样，脾气秉性差异大，自我、不会照顾别人的感受，情绪易波动、不容易自我控制，处理不好爱情和友谊之间的关系，发生冲突不会和解，因为一句话就闹分手，缺少感恩之心、只知索取不知付出，等等。这个时候，孩子在恋

和孩子做队友

情中也会有很多困惑、很多烦恼，特别希望有人在旁边提供一些建议和指导。孩子在恋情中遇到问题，爸爸妈妈千万不要冷嘲热讽，而要和孩子站在一起，帮他分析问题，帮他出主意，为他疏解情绪，甚至提供物质保障。也可以把自己当年谈恋爱的经验和教训分享给孩子。但是记住，你只扮演一个参谋的角色，不要代替孩子做决定。只提供情感支持和行为建议，不越俎代庖，不强迫孩子接受，和孩子共渡难关。

三是要帮孩子筑牢安全底线。青春期的恋情存在很多风险，其中有情感上的风险，比如失恋、劈腿和插足；有行为上的风险，比如触犯校规校纪、被拍不雅视频、意外怀孕等；有道德上的风险，比如师生恋和爱上有家庭的人。要让孩子知道，爱是一种对生命的尊重，是一种对别人承担的责任，是一种对情感的珍惜与升华，而不是性的冲动，不是爱的冒险，不是意志的违背。所以爸爸妈妈参与孩子早恋的过程中，能够帮孩子守住安全的底线，规避各种风险，避免早恋走向畸形。

总之，爸爸妈妈最重要的是扮演好这三个角色。第一个角色就是坚定的支持者，永远跟孩子站在一起，包容接纳；第二个角色就是智慧的人生参谋、好的恋爱顾问，帮孩子出谋划策，解决困扰；第三个角色就是安全守护者，避免孩子和他人在恋爱的过程中受到伤害。

# 7

**父母对孩子的爱，不要因为离婚而减少**

随着离婚率的上升，离婚后如何共同养育子女，成为许多人面临的课题。夫妻关系的结束并不意味着亲子关系的结束，抚育者需要有更多的理性，给孩子更大的成长空间。

一是离婚后要保持理性。在离婚过程中，要让孩子看见，即使父母面对这样失败的婚姻，依然是非常理性的，依然对自己充满慈爱。良性的离婚，比在婚姻中天天恶斗对孩子要好得多。不要因为离婚就有罪恶感、羞耻感，觉得离婚会伤害孩子。良性的离婚比勉强在一起对孩子更有利。

二是离婚后要依旧爱孩子。夫妻的关系与对孩子的爱无关。离婚之后夫妻关系就没有了。但对孩子来说，你们依旧是孩子的爸爸和妈妈，血缘关系并不会因为夫妻关系的断裂而改变。请离异的家长们以各自的方式好好爱孩子，不要让自己对孩子的爱因为离婚而减少。

三是做生活中的奋斗者。要做一个生活中的奋斗者，不要做受害者，不要因为离婚就把自己变成受害者，认为是谁害了自己，认为自己的生活多么不易、多么艰难。不要陷入这种受害者的叙事当中。因为一旦进入这样的故事，孩子就会被卷入失败的受害者故事中，扮演附带受害的角色。

四是协调好孩子与继父、继母的关系。父母离婚之后，还有可能再婚，为孩子找个继父或继母。这样，孩子就处在复杂的人际关系中。孩子处理复杂人际关系的能力，是其未来走向社会竞技场的必备技能。单亲的爸爸、妈妈可以帮助孩子处理好跟继父、继母之间的关系，不要搞得针锋相对、水火不容。孩子不一定跟继父或继母在一起生活，但要可以礼貌平和地相处。

　　五是为孩子编好情感网。充分利用朋友、同事、老师、隔代的长辈、亲戚、社区人员、专业人士，为单亲的孩子编织更厚实的社会情感支持网络，让孩子感觉自己虽然来自单亲家庭，但是一点都不缺爱，帮孩子成长得更好、更安全。

## 孩子总爱骗我，该怎么办？

问：母子之间很难彼此信任。我也很想信任这个儿子，但一次又一次被欺骗。不让他带手机到住宿学校，他就买模拟机，被发现以后，就把电话卡偷偷地拿走，留下空机。表面上看起来都是听妈妈话的，挺乖的，实际上背地里总是想着怎么欺骗，怎么蒙混过关。我应该怎么处理这个问题？

答：首先，这个孩子挺聪明、挺厉害的，面上把妈妈哄得满意，背后却有自己的小九九，按照自己的意愿，偷偷地去做自己的事情。他懂得在不伤和气的情况下实现自己的愿望。我倒觉得挺好的，孩子长大了，有自己的主意了。

可是老妈怎么办呢？怎么才能不被孩子骗？我觉得这时候老妈就不要做他的对手了，因为孩子已经开始骗你了，你越对抗，他以后骗你的机会就越多。所以避免被孩子骗的最好方式就是，我们跟孩子成为一队。

爸爸妈妈可能要跟孩子聊一聊，住宿学校关于用手机到底有什么规定，其他同学、其他同学的父母是怎么解决这个问题的。虽然学校不允许孩子带手机，但事实上很多孩子都有自己的办法把手机带到学校。如果只有你的孩子在学校没有手机，在同伴当中就很没面子。

所以，爸爸妈妈还是要先去了解一下孩子的实际情况。归根结底，你跟谁一伙儿很重要。当孩子认为你跟他不是一伙儿的时候，骗你就很正常了，因为你本来就不是队友，是敌人。骗队友不道德，但骗敌人是很正常的。

近年来看到很多青少年的悲剧，都是孩子遇到了问题，没有得到家长的支持，甚至被家长当众羞辱，所以才会想不开。不管发生什么事，家长都要选择跟孩子站在一起，跟他一起商量怎么解决问题。和孩子站在一起并不意味着偏袒孩子，而是和孩子一起找到最佳的解决问题的方法。

但是这位妈妈又说了，我跟他说的时候，他也点头同意了，结果转身就背叛我们的约定，辜负我的信任。你要知道，被迫同意的约定是没有必要遵守的，他同意是因为没办法。所以还是要平等签约，平等签约他才有遵守这个协议的义务。

答家长问

## 父母离婚，怎么说更容易让孩子接受？

问：父母已经离婚 4 年，孩子 12 岁了，但现在孩子还不知道。这事怎么跟孩子说，什么时候说，谁来说更容易让孩子接受？

答：12 岁的孩子，我觉得早就应该知道了吧。跟孩子聊一聊还是很重要的，否则一家三口人这么近距离地相处着，面和心不和，还有很多隐瞒和掩饰，谁的心里都不舒服。

如果你假装孩子不知道，孩子可能也得假装自己不知道，其实心里清楚这是怎么回事。这中间会产生很多隔阂，会出现很多不好的情绪。爸爸妈妈不管什么时候离婚，都是可以跟孩子说的。哪怕孩子在上幼儿园，你也可以跟他说，只要他会说话，能听懂话，你就可以用他能理解的方式跟他说。这件事我觉得越早越好，这样大家都不用装了。这么亲近的关系，还要伪装、欺骗，这个感觉是不好的。

那么谁来说？最好是爸爸妈妈跟孩子三个人一起聊。如果说三人没法聊，干脆就双方约定各自跟孩子聊一次。聊的时候要注意：第一，不能说对方的坏话。不管离婚之后两人的关系怎样，都不能说对方的坏话。第二，跟孩子说的时候也不能带着情绪。

可以先问一下孩子，你知道不知道我和爸爸现在的关系？孩子可能知道也可能不知道。如果知道，那就问问孩子什么时候知道的，知道了以后是怎么想的，对他有什么影响，他有什么感受，觉得爸爸妈妈有哪些地方做得不够好，应该怎么调整。我们关心的是孩子的情绪，这件事给他带来了什么困扰。如果孩子说不知道，就跟孩子实话实说。为什么分开？因为我们彼此不相爱了，当年我们也是彼此相爱的，但是在相处了这么多年之后，发现在一起冲突更多。如果我们继续待在一起，会对彼此造成更多的伤害，对你也不利。我们是你的爸爸妈妈，这个亲子关系是永远不会改变的，爸爸妈妈还是非常爱你的。有的孩子可能会坦然接受，有的孩子可能会受不了。他说不行，你们不能分开，你们要复婚。这时大人就可以跟他解释，我们知道你也爱爸爸，也爱妈妈，希望爸爸妈妈在一起，但是我们没法相处，就只能分开。我们在一起是很好的，不在一起也很好。大人有大人的世界，你将来有你的世界，孩子不要干涉大人之间的事情；等你长大了，去恋爱、结婚，我们也不会干涉你的事情。

孩子不希望爸爸妈妈分开，是怕家庭解体失去安全感，那么给孩子提供安全感就变得非常重要。早说，用孩子能理解的语言说，心平气和地说，把夫妻关系和亲子关系区分开，让孩子觉得你们离婚不是要抛弃他，不是因为他做错了什么，或者不喜欢他哪里，给他充足的爱。

# 3

孩子在班里遭受了不公平对待，家长该怎么办？

问：女儿小学三年级，是学校田径队的队员，一、二年级都是 200 米跑的年级第一名。三年级换了一个班主任，今年没有给她报任何运动会项目。我建议她跟老师沟通一下，说自己想参加运动会，为班级争光。几天后孩子告诉我说，体育老师给她报名了，报了立定跳远，但报完之后被班主任发现了，班主任又给换成了别人。她去找班主任问原因，班主任跟孩子说不要什么都参加，要给其他同学机会，所以就换给别人了。运动会当天孩子回家就很不高兴，学校田径队只有她一个人没有参加任何运动会项目。我安慰她说，不要把一次学校运动会看得太重要，但孩子还是挺在意这事的。作为家长是否需要去跟老师再沟通一下，问清楚到底为什么？

答：这件事听起来还真是特别奇葩。有些老师的脑回路也确实清奇。跑步跑得好的就不让跑步，跳高跳得好的就不让跳高，确实不太好理解。所以这件事我建议家长去沟通一下，不管沟通有没有结果，表明的是我们支持自己女儿的一个态度。这件事情女儿没做错什么，她确实是非常委屈的，而且很屈辱。学校田径队里只有她一个人没参加运动会，说明这是一个非正常事件。一次学校运动会重要还是不重要，看对谁而言了，对跑年级第一名的人而言很重要！学校运动会有的时候一年只有一次，三年级的孩子多想在运动会上露脸，结果硬生生地被剥夺了。所以家长还是应该去跟老师沟通一下，要一个合理的解释。

如果这个老师不在乎班级运动会成绩，只希望给更多的人参与运动会的机会，这件事还稍微可以理解。最怕这件事就是班主任专门针对这个孩子的。那就意味着不只在运动会一件事上剥夺孩子资格，还有可能在其他方面剥夺孩子的资格。所以家长要去跟老师沟通。如果老师不配合或者态度不够好，或者对这个孩子说一些歧视的话，建议家长去找学校的领导沟通，把这个情况反映一下。我们也不是因为这点事跟学校去闹去吵，只是要让这件事情被看见，让我们的孩子得到支持，让孩子知道家长是永远挺她的，是永远站在她身后，能够为她出头的。

当孩子遭受不公正对待时，家长要支持自己的孩子，而不是一味地劝她不要看太重。这件事其实真的蛮重的。能帮孩子尽量帮孩子，好吧？

问：小朋友 11 岁了，最近剪了头发不愿意去上学，想请假，我该怎么办？

答：这个问题我还是特别能理解的。有时候小朋友头发剪得不好看，觉得到学校可能会被同学笑话，就不想去上学了。要是我的孩子，我就一定不让他去上学了，请假在家待上一天两天的，或者换个理发店重新换一个发型，或者去买一顶假发戴上，都是可以的。

否则孩子要带着强大的心理压力去学校。如果他自己都觉得头发剪得不好，到了学校以后，即使别人不说，自己心里也可能觉得很别扭，会觉得很没面子或者很丢脸。家长尽量不要让孩子在学校、在别人面前丢脸。

孩子已经 11 岁了，是特别在乎自己的外在形象的年龄。以后关于如何打扮孩子，应该多征求孩子的意见。孩子的感受和想法是值得关注的，孩子的意愿是值得尊重的。

· 第六课 ·

如何帮助孩子
成长与独立

我身边有很多父母，对孩子的期望非常高，把自己没有完成的愿望统统强加到孩子身上。这是非常不公平的。

孩子没有义务完成父母的期望，他只需要做自己，当他按照父母的要求生长时，自主性和独立意识就丧失了。每个孩子都是独一无二的，有着不同的天性，作为父母要相信孩子能够独立生长，而不是强迫其生长。

现在这个教育内卷的时代，家长们都很焦虑，这无疑会影响到孩子的成长。所以我想特别提醒身边的家长们，有三件事千万不能做。

一是不要恐惧孩子的未来，二是不要焦虑，三是不能控制孩子。

我自己也是父母。我非常清楚，自己没有权力规定一朵花怎样开放、一棵树怎样生长。养育孩子是件需要耐心的事，父母要多一些容忍心，多给孩子一些时间，他们一定会成长得很好。父母是孩子前半生的守护者，更多时候要帮孩子扛一些压力，而不是给孩子压力。

等有一天，孩子拥有了自己的倚天剑、屠龙刀，他就可以自由自在、仗剑走天涯了。

和孩子做队友

# 1

## 尊重生命成长的力量

我女儿上幼儿园时要学数数。老师跟我们反映，全班的小朋友都能数到 100，我女儿只能数到 49。孩子妈妈很羞愧，说我们两个博士的孩子怎么搞成这样，连数数都数不好。我说，这有什么可担心的，你放心，等我女儿到了小学三年级，一定能数到 100。

一个孩子生下来，一般八个月左右会爬行。儿童心理学做过实验，从孩子三个月会翻身开始，就让他练习爬楼梯，训练很有效，孩子六个月就学会熟练地爬了，而其他孩子才刚刚会坐起来。这会让人产生错觉，以为这个孩子比别的孩子出色很多。但是，其他孩子不做任何训练，到八个月时也会爬。一旦他们会爬了，和提前训练的孩子在攀爬能力上没有任何区别。这是孩子自然成熟的结果，不训练也能达到这个水平，提前训练没有意义。

生命很神奇，孩子一出生就有自己的气质、性格、脾气、禀性。有的孩子一生下来就特别敏感，特别爱哭；有的孩子就一直在那睡觉，对外界的刺激不敏感；有的孩子特别愿意跟外界互动；有的孩子活在自己想象的世界里。等孩子开始说话后就更加神奇了，孩子经常会说出一些让你特别吃惊的话，这话从哪来的？从来没人教过他，他也不可能听到过这样的话。

所以，我们要相信生命成长的力量，尊重生命成长的力量，从而调整我们跟这个世界的关系。

# 2

## 父母不能做的三件事

对于孩子，父母最重要的不是做了什么，而是不做什么。有三件事情如果父母不做，对孩子可能会更好一点。

第一，不要对孩子的未来有恐惧感。要相信孩子，孩子的生存条件比我们小时候好得多，我们都能成长到今天，孩子一定能成长得比我们更好。

那些被投射在孩子身上的不安全感，其实都来自你自己，你要做出调整。如果你内心是不安全的，你的整个世界都是不安全的：你的工作是不安全的，你的收入是不安全的，你的婚姻是不安全的，你将来的养老是不安全的。为什么觉得不安全？真的不安全吗？你有权力把这些不安全感投射到孩子身上，让孩子承受这些吗？

既然这是你的问题，那么你要想办法，做点什么去消除这种不安全感。怎么让你的职业变得安全？增强你的职业能力。怎么让你的财富变得安全？要具备投资能力。怎么让你的婚姻变得安全？在于沟通。怎么为你的养老做准备？未雨绸缪。不要把这些事情全压在别人身上，要自己来做。大人一旦觉得安全了，你面对的世界就安全了，你对孩子的态度就会有所改变。

第二，不要有焦虑感，不要以焦虑的模式来面对世界。教育是个慢活儿，放松一点也挺好的。跟孩子相处最重要的是营造情绪氛围——孩子跟你在一起的情绪体验是开心的还是不开心的、是放松的还是紧张的、是有成就感的还是没有成就感的、是被看到的还是不被看到的……我们常说家庭是心灵的港湾，父母应该友善地对待自己的孩子，让他感受到温暖，感受到亲情。

最基础的焦虑来自国家的落后，我们要狂奔才能跟上这个时代。这只是特殊历史时期形成的情绪模式，并不意味着人生就应该是这样的。人生不是用来狂奔的，父母这一代人可以狂奔，我们狂奔的目的是让孩子可以悠闲地漫步。如果狂奔还发生在我们的孩子身上，那我们付出的努力就没有意义了。知识改变了我的命运，但我不希望它改变我女儿的命运，因为她生下来命运就很好。对她而言，学习知识不是为了克服恐惧和焦虑，而是为了过上更有尊严、更自由的生活。

第三，不控制。父母特别想控制孩子的生活，包括他怎么走、吃什么、穿什么、玩什么、学什么，从哪个幼儿园到哪个小学，再到哪个大学，将来从事什么职业，什么时间达到什么地步等。对孩子的控制，实际上是放弃自己的表现。很多父母放弃了自己，希望在孩子身上实现愿望。实际上，孩子是一个独立的生命，他有自己绽放的方式。如果父母真的尊重孩子，就应该让他以自己的方式绽放，而不是按父母的方式。你没有权力去规定另外一朵花怎样开放，另外一棵树怎样生长。你没有办法为他的人生承担最后的责任。我们干涉孩子的兴趣，干涉孩子的婚姻，干涉孩子的职业，可当孩子遇到困境时，还得要孩子自己去承受这些结果。如果你不能为他承担后果，你干吗为他做决定？

# 3

## 父母是孩子的队友

作为父母，我们得做到如下五条：

### 一、保护

我女儿小学四年级的时候，有一天下午数学老师给我打电话，让我到学校一趟。我放下电话跟领导请假，一路上很忐忑。到了老师办公室，老师说："你女儿同一道数学题，已经连错四遍了，你签字的时候也不检查，是怎么做家长的？"数学老师把我一顿训，我还得面带笑容，给人赔礼道歉。回到家里，女儿问数学老师说什么了。我说，你的数学老师发现你最近考试的卷面比以前整洁多了，并且学数学的态度比以前更端正和认真了；但是审题比较马虎，做完题不验算，所以计算的错误比较多。希望你以后做作业时注意一些。老师说看到了你努力的愿望，希望我们家长多支持。

我为什么不骂我女儿？数学老师把我训一通，是因为她心情不好。当老师也不容易，各种检查、考核，带一个孩子都很难，别说带那么多孩子了。我为什么不开心？她是小学老师，我是大学老师；她是本科，我是博士；她是学数学的，我是学心理学的。我觉得自己很不错，结果她把我训一通，我心情能好吗？如果我是个文盲，因为一道数学题被老师叫过去，我会特别感激。

因为这说明老师负责任，没有放弃自己的孩子，多好的老师和学校呀，我还会唱着小曲出去的。我有情绪是我的问题，老师有情绪是老师的问题，跟孩子没有什么关系，我们每个人都有责任处理好自己的情绪。

越是在今天教育内卷的时代，父母越得替孩子扛点什么，做点什么，要做孩子前半生的守护者。

## 二、自信

怎样增强孩子的自信心？你天天骂他是个废物，他保证没有自信心。天天夸他是天才，有用吗？也没有用。因为他发现，你说的是假的。怎么办？要为他打造一把倚天剑，让他在某个领域很厉害，只要一剑在手，就可以仗剑天涯。

我女儿上小学时，有一个本领很厉害——她是所有老师和同学中唯一一个用左手写字的人。老师说，这得改过来，得打。她说她小时候也是左撇子，最后被她妈硬给改过来了。我想，你妈改你的左撇子跟我女儿有什么关系？左手就左手，凭什么我要因此打孩子？结果这反倒成为我孩子觉得和别人不一样的地方，很自豪。

孩子要在一个领域或空间有成就感。我女儿从小就喜欢画画，上小学交朋友就靠画画。她画班级里的人和事，每个人都关心自己是怎么被画进去的，你下次能不能把我画得好看一点？有成就感的地方，就是被别人需要的地方。

孩子在某一个领域很有能力，比别人强，他就自信。做饭做得好也行，全年级都知道我做饭好；运动好也行，开运动会没有什么项目拿不了冠军的；某方面很懂也行，路上随便看到一只虫子，就能把这只虫子的进化史讲出来，那也很厉害……如果方方面面都不强，再怎么夸也没有用。

### 三、陪伴

多陪孩子玩儿。我的人生有很多遗憾。第一个就是，我不应该在我女儿出生 10 个月以后换工作。当时我从长春到了广东，中间有 4 个月的时间，孩子是在我岳母家度过的。这件事我和女儿道歉过很多次。按心理学依恋理论，孩子 3 岁之前家庭不宜有大变动，要给她提供安全感。

后来到了上海，生存压力很大，到处奔忙，陪孩子玩儿的时间少了很多。现在回想起来，在女儿小学阶段，我陪孩子的时间很少。而当时女儿又在学校受到了老师、同学的霸凌，作为父亲，我竟然对此毫无觉察，还盲目地相信老师，真以为是女儿在学习上遇到了困难。这是我生命中最遗憾的事，也是我后来立志要去帮助更多的 00 后和 10 后的原因。一直到女儿长大后，我才渐渐了解到她当时遭遇的一些细思极恐的细节，才真正知道把孩子置于一个情绪不稳定的老师和一群成为老师帮凶的同学面前有多危险。可惜大错已经铸成，追悔莫及。幸好，女儿四年级以后遇到的老师都特别友善，疗愈了她的一些心理创伤。这既是她的幸运，也让我终生感激。女儿上初三时，我随海军第十五批亚丁湾索马里海域护航编队去执行任务，在印度洋上漂泊了半年。手机没有信号，还有时差，偶尔打一个电话问问平安，和孩子没有什么沟通。半年以后再回来，女儿已经到了临近中考的关键时期。突然意识到，女儿长大了，留给我陪伴她的时间不多了。做父母是有期限的。你就是天天想陪孩子，其实也没有多长时间可以陪了。所以，那段时间陪孩子比较多，也算是一种补偿吧。

后来，我女儿高中毕业去动漫公司实习，离家 10 公里，我每天下班后骑自行车去把女儿接回来。同事们说，都什么年代了，哪有骑自行车带人的，打个车不行吗？我觉得不一样。后来他们又说，你太阴险了，骑自行车回来 10 公里至少得四五十分钟，把你女儿绑得死死的。她不能看手机，不能走神，也不能干别的，只能陪你聊天。在女儿出国之前，我最欣慰的事儿，就是那段时间每天接我女儿下班。这个机会错过就不会再有了。所以，最后值得回忆的，就是当年的陪伴时光。

### 四、放他去打怪兽

教育孩子，在保证安全的情况下可以适度冒险，有些事总要让他自己去面对，父母不要什么事情都大包大揽。有些事情明知道有风险，也可以尝试去做，只要是安全的。我特别怕女儿卷入不良团伙，但不能因此断绝她和其他孩子的往来。本来就是独生女，社交圈很小，所以我经常鼓励她参加同学、朋友的团体活动。

只要上海有动漫展，女儿就会去见网友。一个女孩可不可以见网友？可以，但是见网友要有规则：第一，必须有人知道你去见谁，可以不是父母、老师，但至少得有人知道；第二，见面应该在公共场所，不应该去谁的宿舍或谁的家；第三，见面后一起吃饭，吃饭的地点必须由女生决定，不应该由男生决定；第四，坐下来吃东西，只能吃服务员拿上来的东西，不能吃某个人带来的东西；第五，吃完以后说有朋友正在搞聚会，一起去参加行不行？不行，不能中途改变计划。

我女儿到现在都记得这些规则，温柔而坚定地执行着，这些规则能帮助她规避很多风险。

但是，该冒险的时候还是要冒险。我女儿高二放暑假跟我说："老爸，我要出去见个网友。"我说可以。她从上小学就开始见网友了，高中更没有问题了。但她说这一次见网友在沅陵，我从来没有听说过这个地方。我一查是湖南省怀化市沅陵县，在湘西山区。为什么要跑到那儿？她说有一个网友比她高一级，高考考砸了，心情不好，父母又打又骂，把她关在家里不让出门。女儿想去陪她几天，我说你让她到上海来，她也能出来散散心，交通费和住宿费全由我来出。女儿沟通了一下，说朋友的爸爸妈妈不允许她出来。我说那我陪你去，但是我不出现，你想怎么见她、陪她都可以。她说不行，要自己去。我说好吧。我就给她买了车票，把她送到上海南站。在她上车前一刻，我还是有一点忍不住，说："把你网友的联系方式留给我，万一你被拐卖了，我也知道是被谁卖的。"去了 10 天回来了，那时候她高二，17岁，还未成年。我为什么愿意放她去？我觉得人生总是要面对这样的情况的。一年以后，她高中毕业去东京读大学，也是一个人独来独往，自己租房子，自己做饭，自己打工，什么事儿都要自己去面对。

风险永远在，因为风险而不去尝试，怎么知道她有这个本事

和孩子做队友

和能力呢？现在我还问她，一个人出国留学要处理那么多事情，后悔吗？她说不后悔，虽然有一些孤独，但是锻炼了很多方面的能力，对自己还是非常满意的。该放手就放手，该放出去就放出去。

### 五、守望相助

女儿出国留学后，我和女儿从来没有约定每天几点连线，有时候一周也不联系。但我和女儿一连线，起步就是一个半小时，一般是四五个小时。如果刚好她没什么事儿，我也没事儿，从晚上八九点，能聊到后半夜。都聊什么？家长里短。如果问学习怎么样、考试成绩如何，肯定不能聊那么长时间。

我还是想让她觉得这是一个非常好的连接，不是在拷问成绩。保持这样的连接，是给她提供一个安全的港湾，剩下的就靠她自己成长。各自有各自的人生，各自有各自的生活，我们也希望她不在我们身边的时候，能把自己的日子过好。要相信孩子自己的能力，孩子绝对不比我们差，很可能会比我们更强。

# 4

### 给孩子的天赋留下一条缝隙

　　怎样发现孩子的天赋、优势？你认真观察，在孩子成长过程中，至少应该有一件事，能够满足这三个条件。

　　第一，孩子特别有热情地去做这件事。他做这件事的时候特别兴奋，而且也很容易取得成就，也能和他的天赋连接在一起。第二，孩子愿意为此花很多时间。在没有外在约束的情况下，他自己就愿意去刻意练习。第三，这件事能够给孩子带来成就感、价值感和意义感。他付出的努力能够得到回报，也能够得到他人的认可。父母应该帮孩子找到这件事。

　　我常说，让孩子上兴趣班，他得真的有兴趣；上特长班，他得真的有特长。千万不能让孩子上了兴趣班，却一点兴趣没有；上了特长班，啥特长也不长。因为那样就无法帮孩子找到那件事。有些时候，这件事是需要孩子自己找的。当孩子找到了，你给他开一个口子，给他一个托举，让他有那么一个空间，让萌芽慢慢长大。

　　很多父母说，我家孩子没爱好，没有什么特长。原因可能有两个：一是我们大人所谓的兴趣爱好和孩子的兴趣爱好不一样。比如说一个孩子特别喜欢看小动物，对着一条虫子会盯着看很久，我们大人不认为这是他的爱好。但是如果他天天盯着虫子

　　　　　　　　　　　　　　　　　　　　　　和孩子做队友

看，真的把盯虫子这件事情做大，那就是一个特长。二是大人对兴趣爱好有功利心。你不是喜欢画画吗？那好，我让你去培训班，参加比赛，拿名次，最后硬生生把一个爱好变成了一项任务。大人和孩子的标准也不一样。比如说孩子喜欢画画，头脑中有个画面，把它展现出来，但是，大人觉得孩子画得不像。其实画画没必要像，要像你直接拍照就行了啊。结果大人的负面评价让孩子发现自己不行，受打击特别大。这本来是他的一个增长点，但是很早就被扼杀掉了。所以爸爸妈妈有些时候忍住不做的地方，没准就是那个孩子生命成长的缝隙。

父母要容忍，容忍的过程就是给孩子一个自由的空间。养孩子是个慢活儿。有时我们看到孩子有些事情做着做着就中断了，蛮可惜的。投入了那么多，做得也不错。这其实也没有什么，说不定哪天又捡起来了。人生中没有一件事是白做的，关键是要给孩子的成长留下缝隙。

# 5

你对孩子的期待和信心，会变成他的
内在力量

　　心理学中有一个期望效应，也叫作罗森塔尔效应。罗森塔尔是美国优秀的教育心理学家之一，有一次他到学校来做心理发展能力评估，测完了告诉老师们，根据测评结果，这里面的某些同学，你别看他们现在成绩不好，将来一定会有前途的。但是嘱咐老师们一定要对学生保密。老师们想，伟大的心理学家一定不会瞎说——实际上罗森塔尔就是瞎说的，他随机挑了一些孩子说他们将来会很厉害。一年以后再来测学生的学业成就，发现上次选定的这些孩子果然变得更厉害了。这些孩子不知道发生了什么，但是他们感觉到老师看自己的眼光不一样了，因而他们的自我认知不同了，行为也调整了，真的像老师期待的那样变得更好了。

　　罗森塔尔效应证明，你对孩子的期待和信心，会变成他的内在力量。你相信他，就是给他加持。我们说望子成龙是有作用的，但前提是不能叶公好龙。所有的中国家长都期望自己的孩子好，但为什么有的没有发挥出期望效应呢？因为他们的期望不是真期望。假期望是没有用的。那么，真期望、假期望之间的区别在哪儿？

　　区别在于，你内心真的相信孩子吗？你相信即使不管他，将来他也会非常优秀吗？相信他能考上哈佛、北大吗？嘴上说相信，一转身就想，不盯住他，明天他就会成为坏孩子。你夸他、骗他也没有用，孩子接收到的不是你说什么，而是你心中真实的想法。

我们现在是死抓住孩子不放，不相信他有内在的力量，能做好学习这件事，不相信他有自律的能力，也不相信他将来会有好的成果。其实，总不放手的话，他就失去了这种能力。该给爱的时候给他充分的爱，该放手的时候就完全放手。现在最惨的是，父母很成功地把孩子盯上了大学，甚至是名牌大学，但孩子考上大学后开始放纵自己，打游戏、追剧、摆烂，最后挂科、退学回家。你说多可惜。但是反过来，孩子可以说，都是家长骗了我。家长说你不要出去玩、不要打游戏、不要搞发明创造、不要发展特长爱好、不要参加社会实践、不要谈恋爱，只要好好学习，将来考上了名校，就可以想干什么干什么，就能从此过上幸福的生活。孩子按着爸爸妈妈说的去做了，结果发现人生不是这样的，认为自己被爸爸妈妈骗了。

有时候，我们的担心、恐惧，不是来自对孩子的表现没信心，而是来自对这个世界的担心、恐惧，来自原生家庭和个人的成长历程的缺失与焦虑。孩子只是我们抓到的稻草。所以，把自己安顿好了很重要。有些家长说，静待花开，如果花不开怎么办？那就是时间还不够，继续等呀。只要他没有创伤、没有危险，陪伴着就行了。也许不是孩子没有开花，而是早就开过了，我们却没有看到。

# 6

## 学会用运动改造大脑

长期以来，许多家长都有一个错误的观念，那就是脑力比体力重要。"劳心者治人，劳力者治于人。"但是事实上，心理学研究发现，身心是一体的，而且身体是有智慧的，我们以为的聪明不一定是大脑做出来的，非常有可能是身体做出来的。

对于家长，我建议：

一、在家里设定固定的运动时间和运动空间。父母要把运动的时间还给孩子，尤其是现在体育要以 100 分的成绩计入中考、高考了，就更应该像做学科作业一样，让孩子每天有固定的时间和空间去做运动。没有场地要找到场地，没有器材要购买器材，没有时间要挤出时间。总之，要让运动成为家庭固定下来的仪式化行为。比如，每周都在固定的运动场、固定的时间，跑固定的圈数。只有运动的时间和空间固定了，才能形成规律和习惯。

二、运动要动静皆宜。运动既可以是球类、马拉松、徒步、游泳等动起来的运动，也可以是瑜伽、太极等静态运动。这个因人而异，看孩子是一个好动的人还是好静的人。好静的就去做点好动的运动，好动的就可以去做点静态的运动，对人格完善有利。当然，最好是动静各有一项，相互补充。如果我们的孩子身体素质不是特别好，就建议他去游泳，因为游泳是一种全身性的运动。如果孩子比较羞怯，就建议他去参加一些集体性的、有一定竞争性的运动，在里面体验合作与竞争、成功与失败。如果孩子好动，就建议他去从事一些静态的运动，比如瑜伽、太极拳、八段锦、少年正念等。运动是个健身育心的过程。

三、要让孩子从事一些力所能及的家务劳动。心理学研究发现，那些小时候在家里做家务的孩子，长大后更容易成功。其实，真正的目的不是让孩子干活，而是让孩子参与家庭事务，承担起个人的责任。斯坦福大学新生学院前院长朱莉·哈依姆认为，孩子在家里不做家务，意味着有人替他做，这样孩子缺失的不仅仅是必要的家务活动锻炼，还失去了学习"自己的事必须自己完成"的机会。

# 7

## 怎样和青春期的孩子谈性

作为家长，应该如何对孩子进行性教育？我建议：

一、要说真话。在性这件事上，不要撒谎，不要刻意美化，那样会让孩子很失望，以为是自己想得、做得不对，不正常；也不要威胁吓唬，以为性是洪水猛兽，驾驭不了，有害、有毒，最后真把孩子吓住了，不婚不育，更让大人操心。可以讲讲自己的性经历、性感受、性态度，但不要讲具体的性行为；也可以讲自己对性的态度、看法和经验教训。一定要说真话，不要说假话，不能骗自己的孩子，一定要符合事实。性教育是人生大事，千万别撒谎。

二、要说别人。说自己不好意思，说对方太敏感，那就说说别人——你的朋友、他的同学，网上的例子、最近的研究。性教育最好的方式就是举出案例，以案说法，彼此都不尴尬。比如你看谁做了什么，那么他这件事情哪里是对的、哪里是不对的，应该怎么做、不应该怎么做，他做这件事情的目的是什么、他要承担的风险是什么，等等。家长还可以与孩子讨论一下性魅力问题。比如做爸爸的可以跟儿子讨论，我当初看上你妈是因为她的哪些优点，以过来人的眼光看，女人最重要的优点是什么；做妈妈的可以跟女儿谈谈，我当初怎么看上你爸爸的，现在看来，男人最重要的品质是什么。

三、要无情绪。进行性教育的时候，不能过度情绪化。教育，讲的是科学，讲的是事实，讲的是价值观，不能带情绪。也就是说，在进行性教育时，家长不能讲着讲着就愤怒了，就感到羞耻了。性，只是表达情感的一种方式，应该以轻松的、客观的、无自我情绪卷入的方式跟孩子交流。

# 8

### 孩子厌学背后真正的原因

孩子为什么厌学呀？其实，孩子讨厌的不是学习，而是学习中的自己。而这个令人讨厌的形象，常常是父母、老师等成人赋予他们的。他们曾经是大人眼中的心头肉、掌中宝，自从和学习联系起来，就变成了那个令人讨厌的"废柴"。

对家长，我建议：

第一，不要让孩子产生恐惧感。厌学的深层机制就是孩子的爬行脑产生了恐惧感，想逃跑。不想让孩子厌学，就不要老是吓唬他、威胁他。要让孩子觉得家里是安全的，亲子关系是安全的。成绩好了，我们祝贺；成绩差了，我们一起查漏补缺。作业写快了，我们一起放松一下；作业写慢了，我们合伙想办法。总之，遇到问题解决问题，没什么大不了。家长放松了，孩子就放松了；家长一惊一乍的，孩子就被吓坏了，吓跑了。所以孩子厌学，是因为家长先厌恶了学习中的孩子。

第二，不要让孩子产生厌烦感。学习是孩子自己的事，你说多了，就变成了你的事。他的事，他来扛；你硬要抢过来扛，他就溜走了。所以，在孩子学习的时候，你要闭嘴，不要反复唠叨。人家本来主动要做的事，你一催就变成了你主动、他被动了。你在家里炒菜，有人过来说，你的菜洗干净了吗？怎么还不

　　　　　　　　　　　　　　和孩子做队友

下锅炒？你盐放得太多了吧？你这个菜的颜色怎么没有别人家的好？你就不能再炒得快一些吗？你会怎么想？肯定想到是谁爱炒谁炒，老子不炒了。是不是一个道理？

第三，不要让孩子产生无助感。孩子学习成绩下降了，你要是想，完了，怎么这么差呀？我该用的办法都用了，怎么还不管用呀？这还能考上大学吗？将来能找到工作吗？你就这样绝望了。孩子感受到你的绝望，他也绝望了。你要是想，孩子这次没考好，一定是遇到了以往没有的困难，一定有原因，他自己也一定很难受，我得帮帮他。孩子一旦发现你是他的支持者、援助者，他的劲头就上来了，就不会那么容易放弃。孩子辍学，常常是父母心理上先放弃了。所以，父母要先站直了，别趴下！

# 1

## 6岁男孩一定要妈妈陪睡，如何分床？

问：男孩6岁，一定要等妈妈上床，搂着妈妈才肯睡觉。妈妈工作忙了，哪怕等到10点半也要等，即使爸爸在床上也不行，像还没有断奶似的。陪孩子睡觉到底应该陪到多大？什么时候应该分床？用什么样的方式来过渡比较好？

答：亲子分床睡觉，建议更早一些。西方文化认为孩子一出生，就要分床睡的。

睡觉是纯个体行为，自己睡自己的。但是在中国的传统文化中，孩子那么小，半夜起夜、翻身、蹬被子，都需要爸爸妈妈去关照。这个没问题，但是时间不要太长。一般认为孩子上幼儿园就应该分床了。如果家长愿意，早一点分也可以。像我女儿，满月之后基本上就分床睡觉了，只是她的小床被放在大人的大床旁边。

分床并不意味着分房间，可以先弄个小床，把床先分开。分完床再分房间。避免突然分开孩子会害怕。在孩子成长的过程中，我们先是陪伴，然后学会分离，不管是睡觉还是做作业，还是干其他事情。父母要选择合适的时机，得体地退出。分离也是父母的必修课。

随着孩子的成长，父母要在家庭当中设立一些界限，不能太多地侵入孩子的生活，让孩子有自己的空间、自己的物品、自己做的事情、自己应该承担的责任、自己的小秘密。同时，孩子也不能太多地侵占父母的空间。这个年龄段孩子会有俄狄浦斯情结，独占母亲的愿望很强烈，恨不得把爸爸一脚踢走，独占妈妈的爱。孩子有这样的想法是正常的，但是我们大人要合理地处理。

分离需要过程。我们跟孩子说清楚，爸爸妈妈可以给你讲睡前故事，陪你睡着，但你已经是小男子汉了，有自己的世界了，爸爸妈妈不能再和你睡在一起了。要说明，爸爸妈妈跟你分开，并不表示我们不爱你。要有一个从分床到分房间，从全程陪伴到半程陪伴，到陪伴入睡，到各自睡觉的过程。

最后，我们要对 6 岁男孩自己独立面对世界的行为给予积极的鼓励。"哇，你真棒，都可以自己睡觉了！""你可以整理自己的房间了！""你可以自己读绘本了。"让孩子觉得这是一种特别勇敢的行为。我们要让孩子学会独立面对这个世界，这也是我们对孩子的爱。

# 2

问：家里有两个娃，大宝是女儿，二宝是儿子，姐弟俩差两岁。平时两个娃相处，女儿一发急就打儿子。认真教育过好几次了，教育的时候，家长情绪还是比较稳定的，但是没用，过几天又发生类似的事情。怎么能让这种事情不要发生？

答：差两岁的孩子之间发生一些冲突是非常正常的，如果不是特别严重，不构成身体、心理的伤害，只是打打闹闹，谁把谁打哭了、谁欺负谁了、谁骂谁了、谁推了谁一把，我觉得都是可以接受的。差两岁的孩子之间的竞争和攻击，可能要维持终生，爸爸妈妈要有心理准备。年龄相近的孩子争夺父母之爱，产生竞争非常正常。这也不一定是坏事，这是他们形成生存策略很重要的方式。你的孩子在家里不竞争，出去也需要跟别人竞争，他的竞争策略在哪生成呢？在家里生成是最好的。他要学会怎样跟别人对抗、化解冲突、解决问题……把这当成练习的过程就好了。

当然了，爸爸妈妈要定规则，小打小闹没有问题，大动作是不允许的。一般小问题，让他们自己解决，听之任之就完了。原则性的问题，造成比较大伤害的，父母要站出来主持公道。平时最好先把规则说到位，规则面前一视同仁。另外，我们要避免给孩子提供争宠的机会，谁好谁坏，谁跟谁比，多鼓励互相合作、互相支持。最重要的不是惩罚行为、塑造行为，而是表扬、鼓励，鼓励才是塑造行为最好的武器。如果冲突非常严重，造成彼此伤害，我们也建议适当地隔离和惩罚，这个就由大人来掌握了。

十根指头还不齐呢，我们经常有偏向，这也是在训练成人处理问题的智慧。总之，让他们在一个公平的环境中竞争，用正当的方式竞争。

# 3 —答家长问—

6 岁孩子以自我为中心，怎么纠正？

问：孩子 6 岁，特别以自我为中心。孩子小的时候，外公、外婆和我害怕孩子受委屈，凡事都满足他。他喜欢吃的菜放到他眼前，他不喜欢穿的衣服、鞋子就不穿，凡事以他的感受为主。老师也说，我们对他太民主了，使他变得不遵守规则。我们应该怎么帮他摆正位置？

答：在孩子成长的过程中，从自我中心走到关注别人的感受，是非常漫长的。艾里克森说，青春期的任务是自我同一性，实际上是重新寻找自我的过程。从孩子 3 岁开始特别强调自我的第一反抗期，一直到叛逆的青春期，孩子都是以自我为中心的。并不是以自我为中心有什么不好，不让孩子考虑自己的利益，甚至要压抑或者牺牲自己的利益，我们并不认为这种教育是好的。不要强迫孩子牺牲自己的意愿去做事，否则他会丧失自我，变成讨好他人的类型。只在乎别人的感受，活得也蛮痛苦的。人们也不喜欢这样的人，因为他太没有自我了。

那么他需要调整什么呢？坚持以自我为中心的同时也要尊重这个世界的其他人，要允许别人的自我中心。尊重别人就意味着你不能要求别人都围绕你的利益转，在家庭生活当中就是要划清

和孩子做队友

界限。一个良好的家庭关系是有界限的，你的事情由你决定，我的事情也由我决定。我不强迫你去做什么，你也不应该强迫我做什么。所谓民主，不是说一个人想做什么就做什么，其他人想做什么都不行，必须按照我的意愿来，这不是民主，是专制。我们不能培养出一个皇帝，觉得世界上所有人都是为我服务的，都得由着我的性子来。

同时增加他跟同龄小朋友的互动和交往。你是小朋友，他也是小朋友，大家都是平等的。只有在这种良好的人际环境当中，孩子才能去自我中心化，在互动的过程中学会遵守规则。

总而言之，一是家长要保证家里有界限、有规则，不管大人还是孩子，都不能肆意而为。二是把孩子放到孩子群体中去，让孩子在情境中学会怎么跟别人相处，学会照顾别人的感受。三是加强情商的训练，如何看到别人的情绪、看到社交的情境，在这个社交情境当中，别人有什么样的想法，别人是怎样的感受，我们选择以什么行为去应对，等等。

孩子问和死亡相关的话题，父母该怎么回答？

问：12 岁的男孩常常问人为什么要死，作为父母听了以后有点害怕。孩子为什么会问这样的问题？我们应该怎么回答？怎么做死亡教育？

答：心理学研究表明，孩子 4 岁时就有了死亡的概念。当然，12 岁孩子想的死亡，跟 4 岁孩子想的是不一样的。孩子想到这个问题，愿意跟大人沟通和交流，就是很好的死亡教育时机。父母回答的时候，不要太直接、太简单，也不要回避。有的父母特别简单、粗暴，孩子问，爸爸，那个人会死吗？爸爸说，当然会死了。孩子问，人死了之后还能复生吗？爸爸说，不可能，死了就死了。孩子问，爷爷奶奶会死吗？爸爸说，当然会死了。孩子问，你会死吗？爸爸说，我也会死，我老了就会死。这样说虽然在科学性和现实性方面没有问题，但从教育学和心理学的角度来看就有问题了。这种回答对孩子而言会造成极大的心理创伤。这么冷冰冰的回答，让人绝望。

那父母应该怎么解释呢？其实不是说孩子一问你就要解释。你最应该说的话是：你怎么会问这样的问题？你是怎么想的？是什么事情触动了你，让你开始想这个问题的？你想这个问题多久了？你从多大开始思考这个问题的？你看过哪些跟死亡有关的书？你对死是怎么看的？我们跟孩子聊死亡的时候，更应该做的事情是听和问。我们真正要处理的是，他问这个问题背后的原因和思考，那才是我们进行死亡教育的内容。

学习是什么？之前我们讲过，学习就是连接孩子已有的那些东西。所以不是孩子一问问题，我们就给答案。首先要知道他关于死亡问题的认知在大脑已有的知识体系中是什么样的，然后看看有哪些东西是需要调整的，怎么把我们的思考加入孩子关于死亡的知识体系当中。对小一点的孩子，应该采用比喻或拟人的方式，用童话或者小动物的故事来解释死亡这件事。比如说有宠物死了，我们就给宠物举行葬礼。在这个过程中，我们讨论死可能意味着什么。幼儿园和小学低年级最应该关注的是孩子的安全问题。很多孩子看了一些魔幻故事，认为人死之后是能够复生的。我们要规避这些风险，识别这些预兆，避免孩子跟死亡靠得太近。到了小学高年级、初中或者高中，孩子思考生死，就有点偏哲学层面的对生死、生命的意义和价值的思考了。这个时候父母进行死亡教育，实际上是进行人生观、世界观和价值观的教育。未知死，焉知生？死亡教育，本质上是生命教育，帮孩子找到生命的价值和意义。

生命就是一个过程，生命的意义和价值来自生命的经历，而不是生命的终点。有一个动画片推荐给大家——《寻梦环游记》，和孩子一起看完之后，可以对动画片里生死轮回的情节进行讨论。我们直接教给孩子的道理不一定有效，在讨论别的人、别的事的时候，所呈现出来的价值观，可能对孩子更有引导意义。

和孩子做队友

## 5

——答家长问——

小学生是否适合送到寄宿学校？

问：因为父母工作，可能要把孩子送到寄宿学校去上小学。请帮着分析一下寄宿学校的利弊。小学阶段是不是不适合让孩子去上寄宿学校？如果不适合，那么什么年龄适合呢？如果实在没办法，他必须上寄宿学校，有哪些办法可以减轻对孩子的负面影响呢？

答：寄宿学校由来已久，好处如下：第一，有利于孩子规范行为的养成。学校里的学习节奏、生活方式比家里更规律，可以让孩子戒掉一些不良习惯，比如睡懒觉、吃零食、喝碳酸饮料、打游戏等，因为寄宿学校比家里管得严格得多。第二，孩子能够更早学会自理的生存技能。这种自理能力不只是洗个袜子、盛个饭，还有心理上的自我管理——遇到事情自己处理。第三，更有利于孩子情商的发展。孩子处理复杂人际关系的能力会更强。他会遇到各种各样的人，老师、宿管阿姨、室友等，他们之间的关系比家里更复杂，也更不可控。这些好处对孩子一生的成长是有帮助的。

寄宿学校的弊端也是存在的。第一，孩子本身对这事很抵触。有一些孩子不愿意去寄宿学校，觉得是父母不想要自己、抛弃了自己。第二，孩子真的到了寄宿环境中，有一些人、有一些事应对起来不那么容易，孩子那么小会蒙掉的。如果上学初期就在生活习惯、人际交往等方面被打击到，可能会很有挫败感，影响到他的情绪，以及对人、对事的看法。第三，孩子一个人寄宿，万一遇到造成身心伤害的事情，家长不容易知情，更无法提供及时的援助。

是不是应该让孩子小学就去上寄宿学校，这个因人而异。有的孩子在寄宿学校过得挺好，成长得也很快，内心有安全感，还有很好的社交时间和空间。但是有一些孩子的生存能力、人际交往能力、处理问题能力弱一点，去了以后就觉得不舒服。有的孩子幼儿园去寄宿也没问题，有的孩子可能 30 岁去寄宿也会出问题。

如果实在没办法必须去的话，以下这些方法可以减轻对孩子的负面影响：第一是提前训练，让孩子适应寄宿生活。可以让孩子提前去参加夏令营、让他跟其他小朋友一起出去玩等，有意识地锻炼下相关能力。在安全的情况下，让他尽可能地尝试自己料理自己的生活，解决自己的困难。不要今天还有爸爸、妈妈、爷爷、奶奶、外公、外婆宠着，明天就突然一下子把他扔到寄宿学校去了。变化太快，孩子一下子就蒙了。第二是选好学校，要对学校有考察。跟孩子一起去探访学校，了解情况，去请教在寄宿学校的孩子，他们的感受是什么样的，要注意哪些问题。第三是去寄宿学校前，要跟孩子说清楚，让他去寄宿学校是家庭发展过程中遇到的一个问题，并不意味着父母不想养他，或者想离他远一点，想抛弃他。不要让孩子胡思乱想。孩子上了寄宿学校以后，跟父母的连接少很多，父母要额外制造一些时间、空间跟孩子连接，及时地关注孩子在学校的生活学习情况，不要一味地批评指责他，而应该做一个援助者。

## 6

答家长问

孔融应该让梨吗?

问:传统文化的教养方式以大人、老人为重,孝在先。3 岁多的孩子,妈妈让他把手里的零食分一份给老师,孩子不肯。妈妈说你不爱老师,妈妈就不喜欢你了,孩子就开始哭。孩子正在萌发自我意识,妈妈这样做,孩子会觉得被抛弃了。但是妈妈说,孩子这么小,有东西不和老师分享,不听妈妈的话,那还了得?你怎么看待传统文化和心理学之间的共性和不同呢?

答:这个事说大了。不是传统文化和心理学之间的不同,不管是传统文化还是心理学,我们都应该关注人,以人为本。《三字经》里说孔融 4 岁能让梨,你看孔融也是要到 4 岁才开始让梨的。4 岁让梨既然可以被写进《三字经》,就说明绝大多数孩子在 4 岁是不让梨的,一定是把大的留给自己的。这就意味着孔融是挺与众不同的一个小孩,所以他才能成为世代传颂的榜样。让 3 岁多的孩子把自己的东西分给大人,这个行为我不是特别推崇。这件事里的让东西,不是孩子想让,是妈妈想让。事实上,妈妈可以再给老师买一份零食。这事我觉得跟传统文化没关系,传统文化也从来没这么要求。还说你不爱老师,妈妈就不喜欢你了，用亲子之爱来威胁孩子，是蛮吓人的。亲子之爱是非常重要的，每个人的自我利益和价值都是非常重要的。一个不爱自己的人也不会爱别人，一个不尊重自己的人也不会尊重别人。一个人随时拿自己的爱来威胁别人，这个爱本身的安全性和价值也是打折扣的。还是希望爸爸妈妈爱自己的孩子胜过爱别人，尤其胜过爱别的大人。建议多让孩子参与多人游戏，在游戏中学会互惠互利，学会等价交换，学会遵守规则，同时也学会保护自己，也要有物权意识。

# 7 答家长问

孩子睡前听故事影响睡眠，要不要管？

问：小男孩喜欢听手机上的故事，每天放学回家就听，有时候会影响他睡觉。孩子晚上的睡眠应该由他自己安排，还是由大人安排呢？孩子的学习真的不需要管吗？

答：孩子喜欢听故事挺好的，每天放学回家想听，那就听呗。如果作业完成了，听故事也不是坏事，还是值得鼓励的。我小时候也是听刘兰芳评书长大的，也学到很多东西，包括语言表达、历史知识、爱国情怀等。至于睡觉的时间，最好跟孩子商定一个最晚的上床时间，上床时间之前只要完成作业，剩下的时间建议由孩子自己来支配。如果作业没什么问题，成绩也没有特别严重的下滑，学习这个事还是让孩子自定步骤，家长只需要画个大的框框，具体的事由孩子自己决定、自己完成、自己承担结果比较好。

# 8 —答家长问—

## 高二孩子习惯熬夜，父母如何说服他早睡？

问：孩子小时候是跟爷爷奶奶睡的，曾经有早睡早起的好习惯。到了初中开始住宿，就有点乱了，有时候因为补作业，有时候因为室友吵，没法早睡早起。高中不住宿了，作业量多的时候，可能睡得比较晚。后来，慢慢地，作业不多的时候他也不愿意早睡了，甚至晚上12点之前都不睡。老师已经多次发现他上课打瞌睡，但是他不承认自己精神不好，而是说课没兴趣才瞌睡。我现在已经不太计较他成绩好不好了，认为健康的生活习惯更重要，希望他作业不多的话，能够提早到11点，晚的话也尽量不要超过12点睡。可是他一再拒绝，为此跟我有矛盾，甚至存心拖拉作业来实现晚睡的目的。有什么办法能够让他主观上接受稍微早点睡觉？

答：高二学生的睡眠问题，父母可以提醒，但是具体的时间还是让孩子自己定。睡觉、吃饭都是生命中很基本的事情，高二管得了，将来上大学你也管不了。所以，该提醒还提醒，该表达自己的担心还要表达。说实话，我们现在已经进入普遍的晚睡晚起模式，能多晚睡就多晚睡，越到后半夜越清醒，而且早晨不愿意起床。这个是现在的年轻人普遍存在的问题。看看能不能跟孩子商量一下，晚上自己考虑好什么时间睡，但要保证第二天上课有精神。可以教孩子一些如冥想、正念、晒太阳、日间运动等调整节律的方式。白天课间或午休可以闭目养神，做深呼吸，做冥想。高二这么大的孩子了，因为睡觉这个事发生矛盾没必要，也不值得。

和孩子做队友

答家长问

3 岁就能看老吗?

问:"3 岁看老",这话有道理吗?从心理学角度看,有哪些东西在 3 岁之前就基本定型了,有哪些是后天可以改进的?

答:人生其实是先天、后天合并的,不是生下来就确定的,即使是遗传基因也还有一个表达的过程。有的基因表达很晚,有时候发生在青春期,有时候发生在成年以后。从大脑神经发育的角度讲,孩子刚出生大脑当中就有 860 亿神经细胞。孩子 6 岁前做的最重要的事情是建立连接,每个神经细胞跟其他神经细胞大概有 5000—20000 种连接方式。到了 3 岁,大脑突触连接 60% 已经完成了,4 岁完成 78%,5 岁完成 80%,6 岁基本就能完成 90% 以上了。6 岁之前,大脑的神经布线基本完成。6 岁以后,神经系统突触开始修剪,一些连接可能会断掉。哪些断,哪些保留,跟后天的学习关系很大。所以后天的环境、父母的教育,一直在起作用。大脑的前额叶是人类的高级智慧、逻辑思维、计算决策功能所在,要到 26 岁才发育完成。

从神经细胞连接的角度讲,3 岁之前是情绪稳定性建立的关键时期,也是大脑最初布线的三年,还是非常重要的。我们应该给孩子提供特别丰富的刺激。我们一般说太早的教育效果不太好，因为所谓教育，只是让孩子坐那儿背单词、学汉字、练书法，并没有全方位地刺激他的感官，对他的大脑神经布线实际上是不利的。

孩子小的时候，多陪他去疯、去玩、去交流，对大脑神经布线更有好处。即使这个时机过了也没关系，因为大脑前额叶到 26 岁都还在发育，孩子还可以通过后天的环境、父母的影响以及自身的学习，对大脑进行调整。大脑的神经可塑性是非常强的，也是终生成长的。所以，什么时候都不晚，当下就是最早的时机。

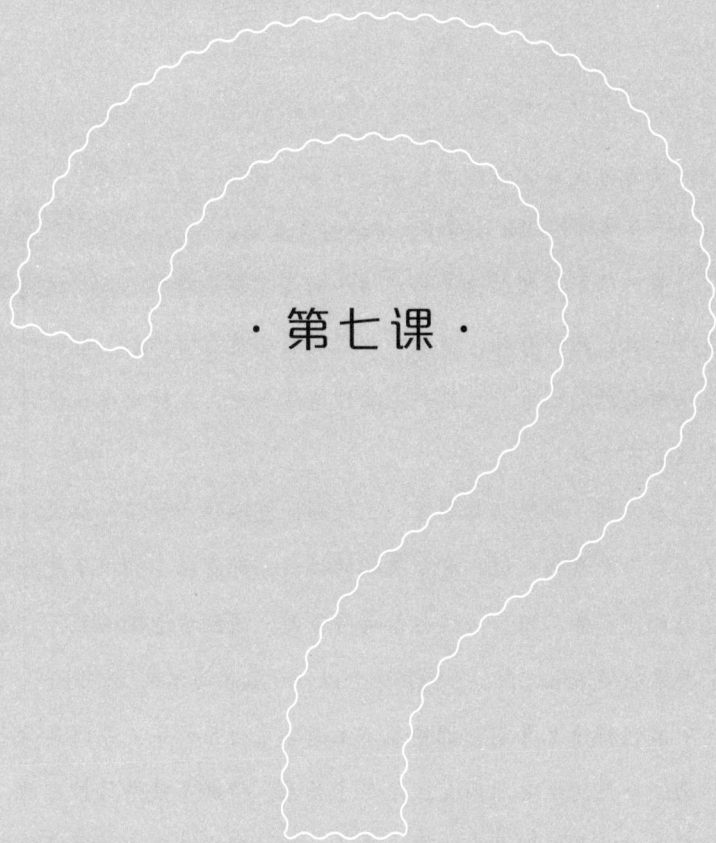

· 第七课 ·

如何防止孩子
走向深渊

青春期是非常关键的时期，很多家长没有意识到这一点，所以我才会呼吁："救救孩子，守护好青春期。"

我经常对家长们说，希望孩子的青春期来得早一点，叛逆来得早一点。在青春期，孩子开始发现自己是有力量的。他的叛逆是一种向外的探索，父母一定要理解这一点，不要觉得孩子为什么这么不听话。

我发现，越听话的孩子，出问题的概率越大，因为他太压抑了，从来没有叛逆过。有个极端的说法，说青春期的孩子是踩着父母的"尸体"前行。这句话说得很对。遇到青春期的孩子，家长要学会得体地退出，否则孩子会以一种激烈的方式让你倒下。

我记得十几年前，调查显示上海学生自杀的主要原因是学习压力，今天的主要原因变成了亲子关系。特别是疫情防控期间，父母与孩子长时间待在一起，亲子矛盾特别容易爆发，这时特别考验父母的智慧。

父母一定要抛弃固有思维模式，陪伴孩子平安度过青春期。

## 警惕 100 分人格

　　家长最担心的是孩子的成绩。有家长说，一年级成绩就跟不上了，以后上三年级、四年级怎么办呢？

　　其实，小学低年级的考试基本上都没有难度，他错了是因为粗心。粗心马虎是不可控因素，谁都做不到永远认真。我觉得犯错误挺好的，人在犯错误的过程中，可以找到问题所在，下次不犯。从心理学的角度讲，小学阶段语、数、外三科都是 100 分的孩子，才是真正需要担心的。

　　这样的孩子会错误估量自己的能力。小学考 100 分其实不是智力问题，而是人格问题。考 100 分的都是特别乖巧、特别听话的孩子，他们最能领会老师的意图，做题反复检查，在意每一个细节。300 分意味着什么？意味着一个小数点都不会点错。这样的人长大以后可能谨小慎微、小心翼翼、关注细节、看不到整体、不够大气、没有开拓进取精神，甚至还会有点强迫思维，一点点小事就特别紧张、焦虑。

　　越小的孩子，成绩越不重要。因为学习成绩很好，容易被认为一好百好。他们容易错误估量自己的能力，以为自己是特别聪明、特别厉害的学生。小学时，他们靠着对老师意图的领会、老师对他的关注或者家庭提供的支持，保持着这 300 分。但是一到初中，科目多了，老师管得少了，他们就会发现靠自己是没有办法成为优秀学生的，这个打击才令人崩溃。

优势一旦保持不住，整个人就容易崩溃，没有了应对的办法。我看到过很多幼儿园、小学的优秀学生，到初中以后一落千丈、一蹶不振。如果只是一蹶不振也就罢了，还能正常沟通。万一遭受严重的心理打击，可能让他这辈子都没法面对自己和他人。

像我这一代人，只要能够进大学，后面的路就全部安排好了，该有的东西都会有。但是今天的社会不是这样的。这些学霸从小成绩好，受老师欢迎，是班干部，能获得很多荣誉，最后也能上个好学校。这些人都很了不起，他们找到了一套让自己学习好的模式——怎么预习、记笔记、复习、考试。十几年的学校生涯给他们造成了一种错觉，认为只要学习好就能获得一切。可问题在于这套策略一进大学就不怎么好用了，大学一毕业就完全没用了。谈恋爱的时候尤其用不上。学霸失恋是特别可怕的一件事，他的世界会崩塌，他会觉得这么简单的事情自己竟然处理不好。

人有一个习惯，重复成功的模式。为什么小偷惯犯一定会被抓到？因为他成功了。如果第一次不成功，他会觉得这行没法干下去，但他成功了，也就没有办法停下来了。学霸最可怕的一点就是他十几年形成了一套成功的模式，他会通过这一模式来解决他生活中遇到的各种问题，一旦发现不好用，就有麻烦了。实际上，在教育领域中获得的所有知识，最多用到 35 岁，35 岁之后就完全没有用处了，因为时代更新太快了。

很多家长有一个很奇怪的想法，认为学习最重要，只要能考上名校，将来的人生就会一帆风顺。二十年前家长这么想是对的，我读大学的时候，大学生毛入学率只有 3%，只要拿到文凭，就能获得很多机会。而在今天大学的毛入学率是 60%，高等教育已经普及化了。人生的关口已经不在这里，而在后面——拿到文凭以后，怎么去适应时代的发展，怎么在这个世界活下来。如果今天我们还盯着成绩，就会忽视其他方面的成长。现在最大的问题是，家长和老师合伙把孩子的时间挤没了。如果给他留下一些时间，不管他干什么，让他跟他人交往、跟世界接触，都是试错和成长的机会。

在大多数人都是文盲的时代，认识字就是精英，但是现在大家都认识字了，我们比的是谁的生存能力更强，谁能够在乌卡时代活下来。不要老盯着孩子的语文、数学、外语成绩，三科考300 分，在未来他也不一定能够生存下去。这次疫情之后，美国常春藤盟校的招生方式发生了很大的改变，不再看 SAT 成绩，而是重点看以下三项评估指标：

第一是自我照顾能力。你要证明你能照顾自己，会收拾家，会做饭，会剪草坪，等等。第二是照顾他人的能力。要有证据证明你可以照顾别人，会关心别人、在乎别人、帮助别人。第三是自我成长能力。即把你放在陌生环境中，你可以主动获取信息，主动连接资源，主动制定目标，自律地成长。这个世界变化太快了，今天做的任何准备，到了明天可能都用不上了。这就意味着教育要回归最本质、最原始的那个能力——在丛林当中活下来的能力。

我问一些大三、大四的学生，你想找什么工作？你的职业生涯是怎么规划的？你的长处是什么？把你扔在一群人当中，你的位置在哪里？你跟别人的连接方式是什么？你如何获得成长？面对这些问题，很多大学生都很茫然。

他们在笼子里关得太久了，突然被放出来，不知道怎么办。那还是逃回笼子里吧，那里比较安全。所以你看每年考研人数都创历史新高，其实很多人是假装考研。他们并不是真的想在这个领域钻研下去，而是逃避，不想找工作。去年我们有一个专业全班三分之二的学生考研，结果一个也没考上。他们不是真的在考研，没有很好的复习策略，该出去玩出去玩，该谈恋爱谈恋爱，只是把书放在那儿，说，我在考研呢。这样的孩子很难适应社会。

和孩子做队友

# 2

初中生父母保证要做到的三件事

我女儿上初中的时候，我很认真地想过，接下来我应该怎么做？我觉得，父母要做到三个保证。

第一，要保证他不自杀。这个不是瞎说的，看看今天的青少年自杀数据，你就知道初一、初二是青少年自杀率最高的时期，而且这个数据近年来有向小学高年级蔓延，呈现激增的趋势。所以，父母养孩子，一定要为孩子筑牢安全底线，托起孩子的生命。目前，青少年各种心理问题的发生率在20%—40%之间，不是个别情况，已经大面积发生了，家长必须警惕，提前规避风险。

第二，要保证他不吸毒。现在年轻人感染毒品的机会特别多，尤其是软性毒品，防不胜防。我去过上海的某个强制戒毒所，里面关了几千人。那里的领导说，干这个活特别没有成就感，复吸率太高了，费了很大劲好不容易戒了，过一段时间又回来了。只有一类人的复吸率比较低，就是吸食冰毒的人。因为冰毒是纯度特别高的毒品，从吸第一口开始，没有人能活过10年。所以复吸率低不是戒掉了，而是他再也不会有机会回来了。初中阶段的孩子鉴别力差，又喜欢冒险，容易受同伴影响，一旦涉毒，很难挽回。

第三，保证他不卷入不良团伙。孩子一上初中，同龄人的影响力就超过成年人对他的影响力。所以，父母要支持孩子的社会交往，为孩子提供社交的时间、空间和经济支持，帮助孩子打造有助于他个人成长的社会支持系统。他跟谁交往非常重要，我们做父母的要防止他加入不良团伙。我们发现，凡是卷入不良团伙的青少年，基本上都是在家庭当中缺少温暖、缺少关爱的孩子。

在孩子的初中阶段，只要这三件事做到了，我觉得父母就算成功了。

有人觉得，这算什么，学习成绩不管吗？打游戏不管吗？早恋不管吗？可是，如果上面这三件事你都做不好，你觉得做其他事还有意义吗？

3 岁到 24 岁，神经发育和情绪系统极其活跃，是孩子不断惹事的阶段。孩子天性好动，家庭和学校的教育却希望把孩子控制得死死的，让孩子在大人的监控之下，按照大人的意愿来成长。这就肯定会发生冲突的。这种冲突直接伤害的是亲子关系。破坏了亲子关系，就是破坏了一个人最基础的社会支持系统。没有人支持孩子了，父母不支持，也没有兄弟姐妹，师生关系也破坏掉了，同学关系和网友关系都被父母破坏掉了——你没收他的鼠标，看住他，不许他出去，他没有办法获得其他的社会支持了，一旦感受到压力，就有可能做出极端的行为。

我当年做博士论文时，研究的主题是幸福。我让学生用"幸福"造句，一个小学三年级的孩子写：今天我们班的好学生也愿意跟我一起玩儿，我感到幸福极了。当时我都看哭了。这说明什么？说明在学校里是有社会分层的，学霸是不和学渣玩儿的。做游戏缺一个人，能带上你玩儿，你就太幸运了。我们不知道孩子经历过什么，他要不断地被排斥和被抛弃，不断地被训斥和被批评。如果他成绩不好，他受到的批评更多，甚至连一次表扬都得不到。同学嘲笑他、老师批评他、家长批评他，他没有尊严和价值感。

青少年自杀的其中一个原因，就是没有价值感，低自尊。在所有人眼里，他是一个麻烦制造者，是一个废物，什么事都做不好。还有一个原因是绝望：我已经很努力了，也很认真地做题了，错题也改了，第二次考试还是错了。我也没有办法。我也想跟好学生交往，可人家不理我。我也希望老师喜欢我，但是老师从来没有正眼看我一次。接下来就等那件事的契机，可那只是一件小事，问题是在那之前他经历了太多。所有人都认为责任在他，因为他不够努力，表现不够好……大人不知道他受了多少苦，也从来不去支持他，他就等着一件事情的发生。

有一个9岁的孩子，把学校玻璃撞碎了，留了一封遗书给奶奶。他有很多字不会写，用的拼音。他说他已经煎熬了三天。他是周五把学校的玻璃撞碎的，周六、周日煎熬了两天，周一去学校，老师逼着他赔玻璃，他就绝望了。一开始没有跟家里说，之所以跟奶奶说，是因为父母是靠不上的人。他没法承受这件事情，就从楼上跳下去了。9岁的孩子自杀，得多绝望？很多网友说，我替你赔那块玻璃，你活过来吧。问题不在于那块玻璃，而在于那块玻璃之前经历的很多事。撞碎一块玻璃，回去赔玻璃就可以了，为什么不敢说？因为这样的事说了很多次，他知道说了以后会更惨。能害死他的只能是亲人，至亲至近的人才能影响他，不是老师，就是家长，或者同学。所以，我们要救救孩子，守护好他们的青春期。

和孩子做队友

# 3

心理咨询有个基本前提，即站在对方的角度体会对方的感受。

我小的时候经常挨打，是一路被爸爸打着长大的，上高中时还在挨打。我小时候挨打时是不许哭的，可以流泪但不能出声，因为怕邻居听到。可以流泪不许哭出声很残忍，无法表达自己的情绪，最后会生成一些虚假的自我。所以，无论因为什么事，孩子哭时，我们应该允许他哭。

打孩子这件事很有意思，全世界只有中国、日本几个国家是不允许打孩子的，绝大多数国家，包括很多西方国家其实是允许打孩子的。比如英国，虽然禁止父母打孩子，但老师可以打学生。教育方式无效的时候，打确实是很直接、很有效的做法。只是英国老师打学生的程序特别烦琐，又要打报告，又要层层审批，又要保证打人者情绪平稳，又要使用特定工具打特定部位，又要有监督人，又要三方签字。总之，真正去打的老师很少。反而在中国、日本、韩国等严令禁止打孩子的国家，容易出现打伤、打死人的事件。

所以，我们并不反对打孩子，但是打孩子需要遵循几个原则。

第一，要保证打孩子是出于教育的目的，而非宣泄自己的情绪。也就是说，采用其他教育方式已经无法达到教育效果，必须采用打的方式才能让孩子成长得更好。比如，孩子喜欢用手去抠电门。你已经解释、劝说、吓唬、带离孩子很多次了，但是他就是置若罔闻，就是坚持去抠电门。你为了保护他，而在他去抠的时候打了他的手，最后达到了让他不再去抠电门的效果。这是可接受的。

第二，打的时候要保证你的情绪是平稳、正常的。一个家长是不应该在生气的时候打孩子的——不能因为一件事惹你生气，你就要揍他一顿。父母今天特别平静、不嗔不怒，但是为了教育孩子而把孩子叫过来揍一顿，这是可以的。心情很平静时，打孩子就是为了教育孩子，这是很重要的一点。

第三，孩子所触犯的规则，是以前就约定好的，而不是临时起意。提前跟孩子说清楚，在什么情况下，如果你做了某件事，父母就会打你，孩子也认可这个规则。父母要履行事先的约定，约定的事件发生了，不能不打。一件事发生了很多次，都没有打，今天心情不好了就要打，这就不对了；又或者在家里做这件事时不打，当着客人面这么做时就要打，这也不对。因为那样孩子会搞不清楚你打他的依据是什么。心情不好就打他，心情好了就无所谓。这样毫无规则，他是不知道该怎么办，只会在你心情不好时离你远点。

第四，打完孩子后应该允许孩子宣泄情绪。比如他哭，你就找一个地方让他哭。但是不能骂人、不能破坏东西、不能离家出走。

第五，哭完以后，要进行安抚。不要打完之后让他认错，而是等他把情绪宣泄完了，心情好了，再来讨论，刚才被打的这件事，你是怎么看的，我是怎么看的，我为什么要打你。一定要区分清楚，我打你不是因为你不好，不是因为我不喜欢你，而是因为这件事情。很多孩子觉得，爸爸妈妈打我，是因为讨厌我、不喜欢我。孩子都是自我中心主义者，他没法把事和人区分开，特别容易认为，爸爸妈妈是不喜欢我才打我的。父母一定要避免这样的情况发生。一定要跟孩子说清楚，爸爸妈妈很爱你，你也很优秀，爸爸妈妈对你也很满意，但是这件事情确实是你做得不对，所以我必须打你，如果以后这件事情再次发生，我还会打你。但是打了你我也很心疼，因为你是我最亲爱的孩子。

家庭的另外一个成员，应该扮演互补的角色。我们家是一个人打，另外一个人负责安抚。我女儿小时候在她妈妈那儿挨打了，我就把她抱在怀里让她哭。但我从来不会说妈妈打得不对。不管你认为打得对不对，都不能当着孩子的面去说，可以私下和爱人讨论这件事。等她哭完了，心情好了，我和她说，我觉得妈妈打你是对的，你做的这件事我也不赞同。你要知道妈妈虽然打你了，但还是爱你的。一定要做事后情绪的安抚，不要破坏了你们之间的关系。亲子关系是最重要的，采取什么样的教育方式都没有关系，但是如果因为教育方式破坏了亲子关系，那才是教育最大的损失。

从心理学角度讲，我们第一关注的是情绪，不要在孩子还哭，还有强烈情绪的时候，跟他讨论问题。

要关注孩子的反应方式，孩子可能认了很多错，把当下没有犯的错都揽在自己身上，讲了一大堆道理。这是孩子的生存策略，因为他只有这么做，才能逃避更严重的惩罚。不用父母说，他先把自己说得一无是处，说自己这样是不对的，父母是有道理的。父母听了以后就算了。这是孩子控制大人的一种策略，跟他内心真的认同这件事一点关系也没有。

有时候，我们打孩子，批评他，打完之后我们还在生气，孩子已经破涕为笑了。我们还没有原谅孩子，孩子已经原谅了我们。我们在养孩子，其实孩子也在养我们，也在理解我们、接纳我们。同时，他也在通过反抗来操纵我们。要避免在打孩子的过程中没有解决想要解决的问题，反而被孩子生成的另外一些应对方式控制。

# 4 拒绝沟通的其实是父母

十几年前，上海学生自杀的最重要的原因是学习压力，然后是生活中的应激事件——跟同学、老师的冲突。今天，孩子自杀的头号原因是亲子冲突，第二号原因是孩子情绪长时间处于焦虑和抑郁状态，第三号原因才是应激事件。自杀孩子的年龄越来越小，数量也是逐年上涨。调查显示，至少有 15% 的学生有过自杀的想法。

2020 年疫情初期孩子休学在家，和家长长时间待在一起。疫情起到了放大器的作用，如果他们关系好，感情会升温；如果关系有问题，就会爆发矛盾。

按理说我们现在跟世界的连接是越来越多的，但是，学校与家庭却把孩子管得越来越死，从早到晚，从家到学校，从周一到周末，孩子几乎没有半小时以上的自由时间，并且斩断了他们的所有社会交往。以前孩子经常一群一群地出去玩，疯玩、疯跑、做游戏……现在天天被困在家里写作业。

我们做过一个调查，上海有一半以上未成年人的朋友数量少于三个人，还有一些人一个朋友都没有。所以，如果亲子关系遇到问题，他连一个支持者都没有，所有事情都要一个人扛。能扛住就扛住，扛不住了就会崩溃。

有一个 14 岁的女生给父母写的遗嘱被广泛转发，我看完就哭了。这个孩子情绪特别稳定，她不是一时兴起，她的表述、思维特别清晰，也就是说这件事她准备很久了。一千多字交代了各种各样的事情，很平静地去迎接那个时刻的到来。成人世界给她的所有回馈都是负面的，社会、家庭给她的压力已经持续了很久很久，累积了特别多。她很绝望，没有办法解决，最后才用这样极端的方式来应对。如果在此之前，有一个人觉察到她的状态不对，能够援助一下，或者改变一下对待她的方式，给她一个抓手，可能她的人生就不一样了。

我们发现，越是好孩子、听话的孩子，越容易陷入这种困境当中。如果她早一天觉醒，早一天反叛，或者早一天去抗争，可能最后就不是这样的一个结果。所以我希望孩子的青春期早一点到来，反叛早一点发生。孩子应更早地发现自己的内心是有力量的，明白外界不能把自己怎么样，要找寻自己的出路。

很多家长有个固有思维，认为孩子一定得上大学，不管别人怎么说都很难听进去，给孩子越来越大的压力。解决这个问题最好的方式是孩子的反叛。现在一听到家长说，我的孩子叛逆期来得特别早，开始跟我对着干了。我就会祝贺他们，说蛮好的，我在你孩子身上看到了力量。这个反叛会逼着家长反思，为什么会这样？否则，家长一直把孩子控制得死死的，让他干啥就干啥，家长就没有改变的欲望。等有一天发现，自己的孩子自己掌控不了，他就开始恐慌了。

家长越早有危机感，越早觉察到自己的不适，对孩子的帮助

和孩子做队友

就越大，当然对自己的帮助也越大。

孩子本身有力量，他们会自然成长，很多家长一到孩子青春期就丧失了跟孩子对话的资格，其实被淘汰的不是孩子，而是家长。

有一个残酷的说法，每个青春期孩子都是踩着父母的"尸体"往前行的。要么是家长得体地退出，自然地倒下；要么是孩子反抗你，通过激烈的方式让你倒下。

有父母说孩子根本没有叛逆期，从小凡事都听父母的，这也是一种成长方式。最好的方式是，随着孩子年龄的增长，父母逐渐让渡控制权。到了青春期以后，理论上来说在孩子个人成长问题上应该以孩子为主，家长作为参谋和顾问的角色出现。但是不建议家长完全放任自流，因为那样父母就失去了跟孩子建立连接，或者在他成长的关键时刻给他提供支持的机会。

所以，这一代家长真的很不容易。这个时代变化太快了，孩子一直跟着时代的变化而变化，但成人有惯性，喜欢待在舒适的圈子里，喜欢基于过去的成功经验来复制人生，这个叫作"成功者诅咒"。失败的人想换一种方法去成长，成功的人老想复制自己的成功模式。所以，成功的父母对孩子来说是有伤害的，他有一套成功的模式，要求孩子按照他这套模式来做。

但是时代已经不一样了，孩子成长的路径也不同了，生存的环境也不同了，所以，成功是没有办法复制的。

我见过一些富二代、官二代，他们并没有复制父母的成功模式。这一代的富一代和官一代都不是一般人，能起来的都很厉害，性格当中有很强的部分。太强的性格对孩子是有伤害的。父母性格太强的孩子有两种发展可能：第一种是叛逆得特别厉害，你强我比你更强，你那些事业我根本不在意，我出去干我的事儿，你越看不上的东西我越干，我干出点样子给你看。这些叛逆者离家出走，跟家庭彻底决裂，活出了自己的人生。第二种是彻底被父母管住了，变成一个窝囊废，混吃等死。

很多孩子尝试过跟父母沟通，但是父母太顽固了，孩子刚想说点什么，家长就说，你那么小懂什么，听我的。孩子刚说几句话，父母就制止，然后开始讲道理。孩子发现他们主动地去接触成人世界的时候，经常被成人世界拒绝。所以，拒绝沟通的真不是孩子，真正沟通起来比较困难的是父母。

孩子拒绝沟通的原因是他们已经看透了这一切，所有努力都是没有用的。我跟来做咨询的孩子说，你希望我跟你的父母说什么？你希望他们做出怎样的改变？我去跟你父母说。孩子说，没用的，也许你今天跟他们说了会好几天，但他们很快又会变回原形。很多孩子对父母挺失望的。

# 5

### 孩子出事前的信号

我遇到过一个童星，12岁就离开家去参加各种演出，后来成为一个小有名气的明星，跟我们耳熟能详的大明星同台演出过。但这一行是吃青春饭的，到了一定年龄，她想过正常、安稳的生活。有人给她投钱，成立了公司，但她发现自己不具备运营的能力，后来人家帮她找了一份慈善基金会文员的工作。收入很高，事情还不多。她去了之后，发现即使是这么简单的事情自己依然没有办法完成。她发现自己除了作为一个花瓶去表演之外，做不了其他事情。

最崩溃的是什么呢？她不会做饭，晚上到家就叫外卖。女孩独居叫外卖也不安全，尤其生病了不知道如何处置，心情就从高峰跌到了低谷，觉得自己是个废物。她来到我面前的时候我真的特别触动，她长得特别漂亮，曾经那么光彩照人，可是现在一个人面对生活，发现自己完全不具备生存能力时，看上去是那样无助和迷茫。

所以现在有一个说法，凡是能逛菜市场的人都不会自杀。每天要自己做饭，能到菜市场去感受一下芸芸众生的生活，这样的人即使遇到了挫折和打击，也不那么容易放弃。

很多孩子出事之后，成人特别惊诧。他们觉得这孩子学习成绩很好，平时很乖、很听话，在学校表现也很好，而且没发现什么异常，怎么突然就出事了呢？越是这样惊诧，站在我们专业的角度，越觉得可怕。这说明我们完全不了解孩子的世界。现在，由于突发性的危机事件没有办法应对而自杀的很少，可能不超过10%；剩下85%到90%，都是有准备的。孩子至少前14天就开始出现各种先兆。一般认为孩子出事的准备时间是一到三个月。在这一到三个月里有很多症状，甚至有很多求助信号，但是都被我们忽视掉了。

第一个是情绪异常。比如，这孩子平时特别活泼，最近一段时间突然变得很低落；反过来也是一样，如果这个孩子平时情绪特别平稳，最近一段时间突然特别兴奋，都是有问题的。

第二个是出现一些异常的行为。比如一个人独处，一个人莫名其妙地流泪，或者说突然出现自伤的行为。有些孩子已经出现了自伤的念头或自伤的行为，家长竟然不知道。从自伤到自杀有一个过程，自伤是一个非常危险的信号。

第三个是说一些临别的话或者做出赠予行为。比如，说"活着真没意思""你不是天天骂我吗？我学习好你也骂我，学习不好也骂我。哪天我不在了，你就好了"这样的话。大人认为孩子是随口说的，其实不是，站在心理学的角度，这是一种求助信号。有这样的信号出来，你必须跟进，去问他，你为什么会这么说，为什么会这么想？到底经历了什么？还有赠予行为，比如，孩子突然说"这个东西我全部都收拾好了，在这放好了，这个是ＸＸ的，到时候你给ＸＸ……"，这些话都是信号。

和孩子做队友

孩子在危机事件出现前一到三个月，在行为、语言和情绪方面会一直有所表现。但是家长要么是看不到，要么就是看到了也不当回事。孩子这么做的时候，实际上是在向父母或者成人求助。孩子在心里说："你要再逼我，我就跳了！"父母却回应："小兔崽子，有本事你跳啊！""你看，你不是没跳吗？"你要知道，孩子这么说不是威胁你，他是在向你求助。他其实是说："我不想活了，但是我希望你来关心一下我，来问一下我到底发生了什么。我都已经把话说到这个份儿上了，你还不在乎，那我就彻底绝望了。"

可能最后让孩子绝望的是这个世界上没有一个人爱他，父母很多时候表现出有条件的爱："你为什么作业做得这么慢？你为什么不听话？你为什么不专心？你为什么不能像别人家孩子那样考得那么好啊？"我们都在表达一个意愿：如果你变得更好，我就会爱你；如果你是当下这个样子，就不配得到我的爱。

我希望家长换一种表达方式，告诉孩子，我们希望你变得更好，如果你想变得更好，我们会努力地支持你；同时，哪怕你做得不够好，爸爸妈妈依然爱你。这样的话语及信念需要父母不断地灌输给自己的孩子。

父母之爱应该是孩子的底线，是孩子安全感之所在，而不应该拿来做交易。你要做得让我满意，我就爱你；你要做得让我不满意，我就不爱你。这样孩子在无法让父母满意时，就会觉得自己不配活在这个世界上，觉得生命没有价值和意义。这特别可怕。

如果发现孩子有"出事前的征兆"，父母应该怎么办呢？

第一，如果觉得孩子的行为已经异常了，建议爸爸妈妈带着孩子去专业机构诊断一下，及时地进行治疗。这种异常，包括他经常说生病、经常找理由不上学，还有一到重大考试身体就出问题，或者是作业做不出来就哭，考试考不好就扯自己的头发、伤害自己的身体，等等。如果作为普通老百姓，都觉得孩子异常了，从专业的角度看，他的问题已经很严重了。去医院诊断，能确认孩子的问题到底严重到什么程度，好对症治疗。

有些时候，恰恰是父母贻误了治疗的时机，他们觉得孩子行为异常不算问题，不愿意带孩子去医院。比如说抑郁症，重度抑郁自杀的概率是 20%—30%，但是现在重度抑郁的治疗率只有20%。80% 的重度抑郁患者是得不到治疗的。有一些孩子甚至向父母求助，说你们能不能带我到医院去看看。父母觉得不行，去了医院，医生说孩子有心理疾病怎么办？父母就说，你没啥事啊，最近情绪不好，过一段时间就好了，小孩子能有啥病啊？结果就失去了拯救的机会。所以，父母一旦感觉到孩子有问题，必须及时采取措施。

第二，最好的心理治疗师和咨询师是父母。即使你找一个专业的心理咨询师，他特别有水平，特别有职业热情，也不可能天天陪伴你的孩子。他跟孩子在一起的时间是有限的。最重要的还是孩子的社会支持系统。孩子心理恢复最重要的力量，一个是药物，一个就是他的社会关系。这个社会关系最主要的就是他的亲人、朋友。

如果有中小学生觉得没办法跟父母沟通，当遇到心理危机

和孩子做队友

时，有什么求助的办法呢？

第一，向自己学校的心理老师求助。目前中小学生求助学校心理老师的比例只有2.3%。中国的社会服务心理体系已经构建得越来越好了，现在要求所有的学校都要有心理老师。只要你向心理老师求助，他就有责任和义务给你提供支持。有的同学说，我们学校的心理老师也不一定能帮我解决什么问题。但是，只要你向他求助了，他就要帮你寻找资源来支持你。

第二，可以拨打求助热线电话，所有城市都有针对青少年的热线电话——12355。这是每个城市团市委建立的专门面向青少年的公益热线，针对的一类是心理问题，一类是法律问题。不管你生活在哪个城市，都是统一的号码。有一批热心的律师和心理咨询师每天24小时在接听电话。

第三，一个区、一个县或者一个市，都会有青少年心理健康指导中心，有热线，也有实体的咨询室。你不想打热线，可以利用课余时间去指导中心，也会有人帮助你解决问题。除此之外，还有一些公益的网站和热线电话，只要你联系到他们，是一定会得到帮助的。

希望青少年拿起心理的和法律的武器来保护自己、支撑自己。如果你觉得你的家庭、学校没有这样的资源可以支撑你，那你要知道，这个社会上还有很多爱心人士，还有很多政府机构和公益组织能够帮到你，所以要学会求助。求助也是青少年在成长当中要学习的重要技能。

· 第八课 ·

如何帮助孩子
融入社会

我女儿上小学的时候，我给她找了一所特别好的学校，结果她去了之后很不开心，对此我很后悔。许多家长在给孩子择校的时候，总是会选择最好的学校，其实是不对的。我们要帮孩子选择最适合他的学校。

女儿初中时，我给她选择了一个普通的中学，她反而很快乐，也交到了不少朋友。对于孩子来说，来自同龄人的社会支持系统特别重要，就像我们的朋友圈一样。每个孩子都想找到他自己的圈子，能在其中如鱼得水，发挥所长。父母要帮助他建立这个社交圈。

许多父母会担心孩子未来的发展，这些担心都是站在自己狭隘的角度空想，因为对于未来，孩子比我们更清楚。今天这个时代的变化，远远超过了我们这些家长的想象，对于孩子的教育，我们要站在未来看现在。

孩子的起跑线就是家长，但是孩子能跑多远，不是家长能够预设的。

家长唯一能为孩子做的，就是努力地提升自己。

# 1

## 最好的学校不一定是合适的学校

有很多父母学习了新的教育理念，要给孩子找到学习的内在动力和兴趣点。有家长问我，女儿自小就喜欢画画，如果有一天女儿说，学校的课她没兴趣了，就想一心一意去画画，不上学了，这样可以吗？我说，我不同意。

学校有些没兴趣的课程，不学也没关系，但我们没有办法给孩子提供学校这种人际环境。这种人际环境是她的同龄人都有的，如果她没有，她跟别人就缺少了共同的经历。我当时跟我女儿也是这样谈的，我说你不需要考上好的中学，也不需要考上好的大学，但你一定要上中学和大学。上哪个大学不重要，大学这段经历很重要。大学时期是人生最美好的时光。自己在家玩也可以很开心，但跟大学同学一起玩的时间只有四年。

家长都希望孩子去更好的学校，跟更优秀的人在一起，但这是一个错误观念。从孩子成长的角度讲，应该给孩子找适合他的学校，使他能在这个学校成长。如果你的孩子勉强进了一所重点学校，很费力还不一定能跟上，在这种环境中生存太艰难了。也就是说，你给他提供了一个很艰难的生存环境。

我女儿在进小学前没有做任何适应性的训练，再加上她的生日月份又特别小，结果一到小学就遇到了学习问题。班主任是一个成就欲望极强的人，非常讨厌我女儿，觉得她的成绩拖了全班的后腿，还让老师额外操很多心，因此经常体罚我女儿。但是很可惜，我不知道。老师有她的办法，打完孩子之后，让孩子不跟家长说。女儿上了初中之后我才知道这些事。如果老师讨厌一个学生，全班的同学都会讨厌他，我现在回想起来，女儿在四年级之前应该过得非常痛苦。

好在我女儿上四年级的时候，这个班主任怀孕休假了，换了一个老师。新的老师年纪更大，情绪更稳定，对我女儿也没有那么多偏见，我女儿的情绪一下子就不一样了，状态改善了很多，学习成绩也变好了。更重要的是，她的人际关系得到了改善。我们也很努力地帮她维护关系，所以到四、五年级，她开始在班级里有朋友了。

父母要觉醒，不要老觉得是孩子做得不够好。老师告状时，我们总质问孩子，为什么你不努力呢？别人能做到，你怎么做不到呢？别人的作业能完成得很好，你怎么就马虎呢？你怎么就计算不准确呢？你怎么做作业时间那么长呢？一番批评后，就开始盯作业、请家教……只要老师说孩子哪里做得不好，我们就觉得一定是他做得不好，要去调整孩子。对那么小的孩子，这是伤害很大的。

孩子小学的学习成绩不是学习能力问题，更多是他的行为习惯问题，以及他跟权威，尤其跟家庭以外的权威——老师关系处理的问题，最后才是一个人控制情绪和行为的能力问题。这些问题在小学，尤其在低年级，对孩子的学习成绩影响特别大。但是，孩子长大后，这些就变得没那么重要了。

　　每个人天生的素质是不一样的，神经反应类型也不一样。有些人反应慢，但是准确；有些人反应快，但稳定性不足。有的孩子语言理解能力强，有的孩子对社会情景的把握没有那么准确，有的孩子在人际交往中比别人慢一些……这些差异在他进入小学后都会影响他的学习成绩。

　　一所适合孩子的学校是这样的：他在那儿很舒服，他的努力和能力能够被看见。他也许不是最优秀的，但是他也不是再怎么努力也跟不上别人的人。

# 2

## 帮孩子经营社会关系

　　孩子到了小学高年级之后，同龄人的支持变得非常重要。千万不能破坏同龄人的社会支持系统——特别是盯着孩子天天在家里写作业，不让他出去玩。我女儿上小学的时候，我们很努力地帮她经营社会关系。我们支持她参加同学聚会，一起出去玩，甚至参加动漫展，去见网友，等等。这些活动会帮她建立起社会系统。

　　当年在上海，小学升初中也是择校，上海的初中民办学校比公立学校好。我们当时联系了两所民办学校，也跟校长见过面。这两所民办学校是区里第二名、第三名。当时征求了很多人的意见，也跟我女儿进行了深入探讨，到了最后我们还是没有选择民办学校，而是去了公立学校。公立学校跟民办学校比，只能算是第二档。现在回想起来，这却是我做的正确决定——没有去最好的学校，而是去了合适的学校。我女儿小学时成绩一直不好，去了二档学校，她很快找到了学习上的信心，也很快就建立了自己的朋友圈，跟老师的关系也处理得非常好。在初中，她的同学关系比小学好很多，被群体接纳。我们没有死死地盯她的成绩，所以她的成绩一直在往上升。我女儿的中考成绩非常不错，超出了老师和其他同学对她的预期，比平时成绩高二三十分。一个人心情好了，有自信心了，各种关系处好了，学习真的是很容易的事。

上了高中，又出现了新问题。因为中考成绩多考了二三十分，她考的这所高中整体成绩都不错。可她实际的水平，可能要比她的同学们低二三十分。幸好那时她在网络上有一定的名气，有自己的团队，所以她跟网友的关系亲密程度超过了线下朋友。高一跟同学的关系还处得不错，经常约同学来玩，一起去拍微电影、做配音，参加了很多社会活动。但是接下来遇到了一个很大的问题，上海高考制度改革，不再分文理科了，六科任选，整个学校、家长和孩子都要重新面对。调整之后意味着先选专业，选完之后按专业分班，然后开始走班制。她高一所在的班就被打散了，我女儿选科选得比较独特，这导致她分到的那个班没有她原来的同学。她选的三科是物理、地理和历史，很少有人这样选。这使得她在高二融入那个班有点困难，但是还好，成绩一直还不错。

到了高三的12月份，我不知道为什么，突然想让她出国。按理说真想让她出国，应该在高一、高二做准备。高三剩下半年时间突然让她出去，非常匆忙。还好我女儿的日语、绘画基础比较好，所以日本大学的考试她考得不错，拿到了7所大学的录取通知书，面试也非常顺畅。那时候还没有上日语强化班，面试的时候可以用中文，配翻译。她当时没有用翻译，自己全日文参加了面试，也拿了自己的绘画作品集。她的入学成绩是非常好的，拿到了大学一等入学奖学金，减免学费70%。现在回过头来看，计她出去的过程还挺顺。我作为家长逃过了高考生家长要面对的所有煎熬。女儿在高三1月份就拿到了录取通知书，高三最煎熬的最后一个学期就没有上。没有上课，我就安排她去动漫公司实习。

我女儿在日本的前两年，历练得非常好，这是在国内读大学，尤其在上海读大学没法得到的锻炼。她一个人租房子，一个人做饭，一个人去交朋友。原来我女儿在高中跟同学的关系比较疏远，看到男生都脸红。到了日本，身边一群男性朋友，各个国家的都有。我说，你怎么突然变了，你以前挺内向的一个人。她说，那怎么办？你们把我扔到东京，我要活下来，要没有一群朋友，遇到问题怎么办？现在她是留学生中的做饭大师，生活琐事都自己面对。大学的后两年，因为疫情，基本上是在国内上网课。这个虽然很安全，却也很遗憾，主要是没有过完整的大学生活。

# 3

## 家长就是孩子的起跑线

让女儿出国，我觉得挺对的。倒不是认为外国的学校好，而是因为她喜欢动漫，所以就去日本长长见识，开开眼界。其实也有一些留学生出去之后过得很不好，我女儿的一个特别好的朋友，高二去了新西兰读高中，后来考到悉尼大学，结果刚上学不久就赶上澳大利亚的反华浪潮，受到很多冲击，身心很崩溃。

现在有很多心理咨询师跟我说，留学生群体心理问题还是蛮多的，主要是在不同的文化交织和冲突的过程中产生了心理错位。择校也好，出国也好，家长的作用不是揠苗助长，而是把他托起来。如果我们有意愿，又有一定的资源和能力，尽量把我们的孩子往上托一托。不要基于自己的成长经历，把孩子打到最底层。我是农村出来的，起点非常低，要不停地努力，才能过上今天的日子；但是我的孩子不一样，没有必要像我这样成长，应该让她站在我的肩膀上起飞。我们现在说不要让孩子输在起跑线上。起跑线在哪儿？起跑线就是家长。今天家长能为孩子做的事情就是，努力提升自己，而不是把这个责任推给孩子，让他去努力。你要保护好他，给他撑一片天，给他托个底，让他在这个基础上健康发展。那样，他再差也不会比这个底更差。千万不要以为自己是这样成长起来的，孩子也应该从头开始成长。他要是成长不起来呢？那就麻烦了。

在孩子的成长过程中，拥有体验成功的社会资源是很重要的，在此过程中，父母与孩子的生命成长产生了真正的连接。大部分父母考虑的是给孩子更好的物质条件，买学区房、上好学校、花更多的钱，这些其实并不是最重要的。

和孩子做队友

# 4

我们怎么帮助孩子成长？一个理念是，我们要站在未来看现在。不要光想着让孩子成绩好，能获得奖赏，超过别人。"十年树木，百年树人"，教育是一项长效工作。我们要考虑今天为孩子做的事、让孩子做的事，在二十年、三十年之后，对他意味着什么。站在现在看将来，到底什么能帮到他？十年、二十年、三十年以后，孩子大学毕业以后，面对的世界是怎样的世界？

我们可以预测一下，到 2035 年，当前的职业有 75% 可能会消失。同时也会有很多新工作出现，有些是我们想象不到的。当年你孩子打游戏的时候，你会想到这个世界上有一种职业叫作游戏直播员吗？网络直播火的时候，我女儿还在上高中。当时南京大学有一个学生特别喜欢打游戏，同学去图书馆学习，他就在寝室打游戏，每天都打。考试前突击一下，只要不挂科就行，大学就这么过来了。到了大四，大家都在找工作，他还是天天打游戏，打得很熟练，最后就做了游戏直播员。什么是游戏直播员？就是直播打游戏的过程，一边打一边解说，别人来观看。别人打游戏打得不好，就看他怎么打，就像你看足球比赛一样。

这位学生后来拥有了上百万粉丝。当流量达到一定程度，就有人找他做广告，让他帮着卖东西。一开始帮人卖东西赚一点广告费，后来他想，既然有这么大的影响力，为什么不自己卖东西？于是，大学毕业前他开了一家微店，自己卖东西。

他是宁波人，毕业后想回宁波，一打听，宁波的地价很贵，南京的地价很便宜。所以他在南京郊区租了一个厂房，做微商库房，招了一些人。当时他做网络直播员，年收入已经过百万了。

毕业时，他的同学们出去找工作，找了一圈找不到。这位同学说，大家都一个寝室的，你们都到我这儿来吧。他把寝室的同学都招进了自己的公司。记者采访他，问他那几个同学是怎么想的。他说，那些同学的价值观受到很大的冲击。爸妈告诉他们要好好学习，上大学了抓紧时间去图书馆，写作业、论文，考试拿高分，不要打游戏，打游戏是坏孩子干的事儿。结果大学四年过去了，天天看那个小子在打游戏，毕业了以后还要去给他打工。

现在学金融专业，毕业了去四大会计师事务所是好工作，未来也许不一定。假如未来的金融营业厅都改成无人化办公了，不需要那么多员工，大家该何去何从呢？

我们读了这么多年书，无非为了未来能养活自己，所以我们要为未来的工作机会做准备，而不是只盯着当下。

和孩子做队友

## 学渣的思考方式不会被人工智能取代

　　时代的进步是不会停下来的。我去某医院问，听说人工智能会冲击医疗行业，你们觉得有可能吗？他们说，太有可能了。现在我们医院引进来的机器，内科诊断水平相当于学了五年医学专业毕业以后又工作十年的医生的水平。外科手术全都是机械手，机械手可以拿一颗葡萄过来切开再缝上。机械手还不会紧张，也不会颤抖，不受外界因素的影响，精细化程度很高。人们说，外科手术开刀，不要找年纪大的很有名的医生，他们已经不行了，最厉害的外科医生是三四十岁的。以前老医生靠的是经验，手伸进去一摸就知道什么情况，在看不到的情况下，闭着眼睛把手术做完。现在不是，现在靠技术。老医生掌握不了这些技术，六七十岁的医生还能掌握这个技术吗？三四十岁的医生，海外留学回来，用的全都是现代科技，做手术更干净利落，比几十年的经验有用了。这太吓人了，人家干了几十年的工作，一个技术出来，几十年白干了。

　　我碰到一个律所的合伙人，他说人工智能很有可能冲击律师行业。为什么？接到任何一个案子第一件事是查所有相关的法律条文，第二是查所有以往的相关案例。以前这些事是由助理来做，现在机器比助理做得快多了、全多了，也准确多了。现在机器还不能代替律师开庭，但至少可以取代律师助理。你要知道，大律师都是从助理做起来的，以后助理的活不需要人干了，大律师怎么成长出来呢？

现在，第二代人工智能出来了，人形机器人出来了，虚拟员工出来了，脑机接口出来了。我的预测，十年内，人工智能会全面碾压人类智能，我们几百万年来进化出来的在认知上的优势在人工智能面前会丧失。所以，你家孩子的对手不是别人家的孩子，而是人工智能。人工智能就是冲着学习好的孩子来的。你的孩子记的东西再多，背的单词量再大，记的公式再繁杂，那有机器记得多吗？你的孩子数学计算非常准确，小数点从来不会点错，那有计算机准确吗？你的孩子算题特别快，有机器快吗？凡是学霸能做的事情，机器都能做，而且比学霸做得更好。

哪些人不会被机器取代？学渣不会被机器取代。因为机器没法模拟学渣思考问题的方式，不知道他们是怎么思考的，没法建模。当年复旦大学开了一个人工智能跟其他学科交叉的学术研讨会，我没有参加。他们请了一些非人工智能方面的教授来讨论人工智能，他们中有诗人、书法家，还有一些从事其他艺术创作的人。第二天我看他们发朋友圈，会议上几乎所有人都在抨击人工智能。人工智能现在可以写诗了，诗人说那写的是什么东西，那么低档次的能叫诗？诗是有灵魂、情感和境界的。书法家说人工智能写的那些字没有灵气……我看复旦教授都一边倒，说人工智能不好。我看了他们的批评，想到了农奴时代流水线机器刚刚出来的时候，干活的奴隶们非常愤怒，要去砸机器，因为机器抢了他们的工作。奴隶不用干活不是挺好的吗？不，机器取代了我，我接受不了，就要去砸机器。这种愤怒是没有用的，奴隶可以被机器取代，复旦教授为什么不能被人工智能取代？现在的新闻主持人已经被机器取代了，歌手也可以被机器取代，教授为什么不能被机器取代？

我虽然也是大学教授，但我从来不担心机器取代我，因为我有一些品质是机器不能取代的。比如说发呆、睡懒觉。你见过一台机器发呆比你发得好，最后把你取代的吗？保证没见过。机器干活不是挺好的吗？这样你就有更多的时间发呆、睡懒觉。机器不会跟你抢的。

在人工智能的时代来临时，孩子将面对怎样的世界，我们这些家长是无法想象的。我们必须抛弃成绩、记忆力、答题速度等陈旧的教育观念，让孩子充分发挥自己的个性，才有可能跑赢人工智能，开创属于自己的一番天地。

# 6

在人工智能时代，孩子需要具备这六种能力

未来社会需要怎样的能力？

第一，设计力。也就是审美能力，这暂时是不会被机器取代的。因为设计强调的是创意，是多样化，是可能性，很难通过一个标准的模型去建构它。有时它是心灵的一种微妙的感应，是一种心动的感觉，很难标准化。

第二，整合力。也就是跨界整合的能力，将来的人一定都是斜杠青年。在一个领域，靠一种能力通关全部人生基本不可能了，更多的是资源的整合。以后每一个人都不止一个身份。孩子在学校里是一个学生，在足球队里是个运动员，在游戏里是一个巫师……他在学校看起来默默无闻，没准在另一个空间是领袖。在二次元、三次元空间里，各有各的存在，没有一个人是单一身份。

第三，共情力。要有高人际敏感性，要有人味儿。以后机器会越来越像人，人会越来越像机器，最厉害的是依然像人的人，他有极大的卖点和影响力。要能够体验别人的体验，感受别人的感受，不管你是做销售、做管理，还是做服务，都要对人有更深的感受性。

和孩子做队友

第四，故事力。也就是会讲故事。看赫拉利的《人类简史》《今日简史》《未来简史》就知道，人类走到今天，主要就靠三个故事：宗教的故事、王国的故事、资本的故事。在未来不管你从事什么职业，讲故事的能力都非常重要。

第五，游戏力。你得会玩。爸爸妈妈能给孩子最重要的东西就是玩，一起玩。能陪自己的孩子玩非常了不起。不要觉得玩物丧志，玩是非常重要的能力，会玩的孩子才有意思，才有人愿意跟他一起玩。一个孩子学习成绩很好，啥都不会玩，你觉得将来谁会愿意跟他谈恋爱、过日子？谁愿意跟他成为朋友，做他的伙伴？我碰到一个孩子，以前为逃避学习压力，以为到国际学校就好了，谁知道跑到国际学校，发现哪都是一样的江湖，国际学校也有很多学霸。我问，学霸碾压你是什么感觉？他说，你跟学霸聊天，问他平时的业余爱好是什么，他说是刷题，到处找习题集，找到一本特别开心，在刷题的过程中获得极大的快感。你如果和这样的人结婚，每天最喜欢的游戏是刷题，这日子怎么过？

第六，意义力。既要找到活着的意义，也要找到活着的成就。前面说了这么多孩子，能在学习当中找到成就感的不多。如果你还在玩命地逼着孩子学，他学到死也没有办法在学业领域获得成就感。孩子语数外不行，理化生不行，甚至连音体美也不行，还可以做什么？复旦大学一个老师，带他孩子玩石头，随便看一眼就知道是什么石头，花岗岩、陨石等。他的孩子最喜欢做的事情是带一把锤子，看到这个石头不错敲一块放在家里。他参观复旦的标志性建筑光华楼，看到一块石头很好，要去敲。他爸说，这不能敲，要惹事的，你需要石头我给你买。现在他们家堆满了石头。他儿子绝对是一个石头专家，跟你讲石头可以讲很久，很有成就感，大家都佩服他。你说玩石头有用吗？中考、高考不考，但将来不一定没有用。没准将来开矿的就是他，做宝石的就是他，收藏石头的就是他。不要小看他，他有无限的空间和领域。我们现有的学校教育还没有办法像这样给孩子开一个领域，让他成为领域里有成就的人，所以，家庭教育要补这个缺。

自信心是从哪来的？不是夸出来的，而是等他真的做成了事，大家都认同他，他自然就有了自信心。这样的领域很多，帮孩子找找；如果没有这样的领域，父母就开辟一个。

和孩子做队友

# 7

別让更换学校给孩子带来伤害

有的家长说，我要给孩子换一所更好的学校、一个更好的班级，这样对孩子好。但是更好的学校让孩子没自信，更好的班级让孩子没朋友。学校、班级都很好，但是孩子的爬行脑不好了，被吓着了。

对于家长，我的建议是：

一是不要经常换学校。这是家长很容易犯的一个毛病，就是孩子已经上了一学期或者一学年了，突然要给孩子换另一所好点的学校。这事必须充分征求孩子的意见。如果孩子在学校里面刚刚有一些好朋友、好闺密，结果你突然把他换到另外一个环境当中。说另外一个环境的教学质量更好、老师水平更高、学校名气更大，但是那里没有你孩子的好朋友，你孩子在那里会觉得有安全感和成就感吗？没有，就没有办法在新环境当中充分发挥他的学习效能。

二是给孩子提供安全岛。让孩子在学校里找到属于自己的安全岛。到了学校，他心情不爽的时候，知道到哪去散散步、聊聊天、看看书，甚至可以到学校心理咨询室去找老师聊聊天。在有困扰的时候，知道到哪去可以让心情得到放松，到哪能够得到支持和援助。

三是帮孩子找到支持者。孩了在学校里得有支持者，建议至少得有一位老师是孩子的支持者，不管是班主任，还是心理老师，这样孩子才能在心理上感到安全。我们鼓励学生到了学校后，多跟老师交往，至少在学校里边跟一位老师建立起比较好的关系，让他成为自己的支持者。同时最好有三名以上的同学能成为他的闺密、好哥们儿，给他提供支持。如果孩子进入学校，发现所有人都是陌生人、敌人，没有好友，没有支持者，爬行脑就会感觉到不安全。爬行脑一不安全，情绪就被激惹，理性脑的功能就会受损，成绩就会下滑。

# 8

帮助孩子打造朋友圈

一是把人请进来。你希望你的孩子跟什么样的人交往，就去请他们，请孩子的好朋友、好闺密、好哥们儿经常到家里来玩，给他们制造交流的时间、空间和机会。父母要欢迎孩子带朋友回家，这点很重要。因为有的孩子在外面朋友很多，但是不敢带回家，一带回家就被自己的爸爸妈妈批评，所以时间久了，人家就不喜欢和他玩了。

二是让他走出去。要放孩子出去，去跟他的朋友、伙伴交往，给他提供相应的时间和空间，不能把他圈得死死的。要知道，交朋友一点不比做作业的重要性弱。没有特殊情况，尽量支持和鼓励孩子出去跟人家玩。当然出去玩该带钱带钱，该带礼物带礼物，不能小气，否则出去人家也不愿意带他玩。这就需要我们为孩子走出去提供时间、空间和金钱的保障。

三是帮他拉关系。有的孩子可能相对比较羞怯、内向，自己不敢主动交往，这时就需要爸爸妈妈帮忙了。孩子喜欢跟谁交往，父母可以先跟他们的家长建立良好的关系，两家经常在一起聚一聚，喝喝酒，吃吃饭，出去玩一趟，那么孩子之间就能建立起更好的连接。另外，孩子如果喜欢某位老师，爸爸妈妈还可以找到机会，以成人的方式去帮孩子拉关系；还可以帮助孩子建立忘年交，结交成人朋友，甚至是老年朋友，这种关系会给孩子的成长带来很好的启迪。

四是给他自主权。家长不要什么事都管，要给孩子一定的自主权，尊重孩子的选择，让孩子在交往的过程中有主动性，然后够哥们儿、讲义气、能拍板、肯承担责任。这样的孩子才有可能交到更多的好朋友。不要过度干涉孩子交朋友，更不要当着孩子的面去批评他的朋友，这对孩子是极大的伤害。

五是拓展网络圈。现在的孩子都生活在两个世界，即现实的三次元世界和虚拟的二次元世界。要帮孩子在虚拟世界里去拓展朋友圈，因为他未来的生命有一半是在二次元世界展开的，所以不要把网友视作洪水猛兽，要让孩子到网络社群里去冲浪、去结交，去跟更多的人相遇。他在这个过程中能够学到知识，也能交上好朋友。

　　　　　　　　　和孩子做队友

答家长问

## 女儿没自信，不敢表达，怎么办？

问：女儿 7 岁，在学习上特别缺乏自信心，不敢探索，不敢表达，很多事还没有尝试，就认为自己肯定做不好。自信心不足的原因是什么呢？父母应该怎么帮助孩子树立自信心？

答：自信心在成长过程中是蛮重要的。孩子才 7 岁，刚上学就比较胆怯，可能是在成长的过程中被打击到了，或者被过度保护了，或者被吓到了。首先说过度保护。尤其是长辈带孩子，什么事情都说要小心，这不行，那不行，这不能做，那也不能做。其实做了也没什么，反而是大人在旁边把孩子吓得够呛。其次，如果有特别强势的父母或者抚养者，也可能会造成孩子自信心不足。最后，也有可能是学校的老师经常批评、斥责孩子，让孩子觉得害怕，事情如果做不成，可能就会被老师批评、被同学嘲笑。

那么怎么帮孩子树立自信心？要找到他的优势和特长，让他利用自己的优势、特长完成任务，并给他及时的反馈和奖励。要把孩子放到一个安全的情境当中，让他充分地展现自己。

如果孩子不能在所有方面都树立自信，至少让他在某一些方面有绝对的自信，之后这种绝对的自信会被他拓展到其他领域当中去。

## 孩子可以随便带人回家吗？

问：您女儿随便带人回来，不用跟您说吗？

答：那就看需要我们准备饭还是不准备饭了，一般也不需要我们准备，要么她带着在外面吃完了，要么她带着出去吃，要么她自己在家做。我们基本也不管，也不打扰。对待她的朋友，我们总要友善一点，也会坐下聊聊喜欢什么、最近玩什么之类的话题。

我女儿带什么人回来都可以，男生也行，女生也行，带一个也行，带一群也行。他们这代人太孤独了，没有天然的社会支持系统，有一天我们要是不在了，你说谁支撑她？以前村里还有七大姑八大姨，现在哪有？网上是有一些，但是你也不知道对方是男是女、是猫是狗。所以我原来特别不希望她出国留学，她在上海随便读一所大学都行，我是希望能给她在上海留几个大学同学。到后来他们说，给她留一些世界各地的同学不也挺好的吗？我一想也有道理。你看她现在俄罗斯也有同学，韩国也有同学，马来西亚也有同学，越南也有同学，这不挺好的吗？

# 我的爸妈
# 是心理学教授

此念文化专访贺岭峰女儿贺卓尔

**毛思翮** 你父母是学心理学的，对你有什么影响？

**贺卓尔** 可能会影响我的性格吧。我是心思比较细腻的人，和人相处的时候很容易注意到一个人的表情、动作、眼神，感受到他心里在想什么，他需要我为他做什么，我会帮他排忧解难。

**毛思翮** 父母对你的家庭教育有什么不一样吗？

**贺卓尔** 他们会很小心，不把自己的情绪转移到我身上。他们遇到事情会克制住，不向我发泄。

我有什么不开心的事情，给他们讲的时候，他们马上就调整了情绪，开导我，先把我的事情解决了。他们这点很了不起。

**毛思翮** 面对社会上的人，你会不会感觉有很大的反差？

**贺卓尔** 这个没有，很小的时候父母就告诉我，本来就是什么样子的人都有。一般陌生人跟陌生人，不可能像我跟父母这样好的。好朋友虽然关系很好，但还是以自己为中心的，很少像父母这样，感觉特别温馨。

**毛思翮** 你跟父母的沟通很顺畅吗？

**贺卓尔** 有什么事情就直接讲。

毛思翩　你成长过程中父母批评过你吗?

贺卓尔　有，但很少在学习上批评我，基本上是我做事的原则出了问题。

毛思翩　成长过程中你遇到过什么问题，父母对你帮助特别大?

贺卓尔　第一次一个人到日本，突然到了陌生的国家，什么人都不认识，觉得很恐惧、慌张、焦虑，就靠着每天晚上跟我爸妈聊天，感觉自己并不是很孤独，因为有他们。

我爸一开始很反对我去国外上大学。他的理由是，在国内交朋友，这样毕业之后才有认识的好朋友；如果去国外读大学，交国外的朋友，回国就没有认识的人了。但是我喜欢动漫，所以还是想去日本留学。后来有一天，他在报纸上看到一个日本大学的消息，问我要不要考虑。虽然他心里反对我去日本留学，但还是把信息告诉我了，我最后也是去了那个大学。

毛思翩　父母支持你画画吗?

贺卓尔　我觉得他们没有阻止我，就是最大的支持。他们没有给我提出任何意见，只是放任我去这么做，最后怎么走是我自己决定的。

毛思翮　像你爸妈这样的父母很少，很多父母对孩子有很高的期望。

贺卓尔　我爸跟我说得最多的一句话是，你不要对自己要求太高，不要要求自己做到最好。

毛思翮　你爸跟你说的时候，你的感受是什么？

贺卓尔　其实父母都望子成龙、望女成凤，大家心里都很清楚的，他这么对我说，就是希望我不要压力太大。

# 和孩子做队友

作者 _ 贺岭峰

产品经理 _ 来佳音　　装帧设计 _ 付诗意　　技术编辑 _ 丁占旭
责任印制 _ 杨景依　　出品人 _ 曹俊然

果麦
www.guomai.cn

以 微 小 的 力 量 推 动 文 明

**图书在版编目（CIP）数据**

和孩子做队友 / 贺岭峰著. -- 西安：太白文艺出
版社，2023.9（2024.5重印）
ISBN 978-7-5513-2463-2

Ⅰ. ①和… Ⅱ. ①贺… Ⅲ. ①家庭教育 Ⅳ. ①G78

中国国家版本馆CIP数据核字(2023)第164683号

## 和孩子做队友
### HE HAIZI ZUO DUIYOU

| | | |
|---|---|---|
| 作　　者 | 贺岭峰 |
| 责任编辑 | 蔡晶晶 |
| 产品经理 | 来佳音 |
| 装帧设计 | 付诗意 |
| 出版发行 | 太白文艺出版社 |
| 经　　销 | 新华书店 |
| 印　　刷 | 北京世纪恒宇印刷有限公司 |
| 开　　本 | 880mm×1230mm　1/32 |
| 字　　数 | 180 千字 |
| 印　　张 | 8.75 |
| 版　　次 | 2023 年 9 月第 1 版 |
| 印　　次 | 2024 年 5 月第 4 次印刷 |
| 印　　数 | 20,001－25,000 |
| 书　　号 | ISBN 978-7-5513-2463-2 |
| 定　　价 | 59.80 元 |